AI와 물리학

AI문고

인공지능 시대입니다. 기계가 인간의 인지를 대신하고, 사물이 인간을 통하지 않고 다른 사물과 직접 커뮤니케이션합니다. 이에 따른 인간 삶과 문명 변화를 정확히 이해·예측·대응하는 것은 이 시대 우리 모두의 과제입니다. AI문고는 인공지능 기술과 환경의 여러 주제를 10가지 키워드로 정리합니다. 관련 개념과 이론, 학계와 산업계의 쟁점, 우리 일상의 변화를 다룹니다. 인간과 기술의 현재, 미래를 세심히 분석합니다.

일러두기

- 인명, 작품명, 저서명, 개념어 등은 한글과 함께 괄호 안에 해당 국가의 원어를 병기했습니다.
- 외래어 표기는 현행 어문규정의 외래어표기법을 따랐습니다. 다만 '딥러닝', '딥마인드', '딥페이크' 등은 관행을 따랐습니다.

처음이세요?

전문가세요?

AI와 물리학

송태근

ㅋ

대한민국, 서울, 커뮤니케이션북스, 2025

AI와 물리학

지은이 송태근
펴낸이 박영률

초판 1쇄 펴낸날 2025년 2월 26일

커뮤니케이션북스(주)
출판 등록 2007년 8월 17일 제313-2007-000166호
02880 서울시 성북구 성북로 5-11
전화(02) 7474 001, 팩스(02) 736 5047
commbooks@commbooks.com
www.commbooks.com

ISBN 979-11-7307-449-3 03500

책값은 뒤표지에 표시되어 있습니다.

차례

새로운 패러다임: 인간지능 + 인공지능

인간지능과 인공지능(AI)의 융합이 새로운 과학적 패러다임으로 떠오르고 있다. 2024년 노벨상 수상자의 발표만 보더라도 그러하다. 현시대의 AI는 인간의 지성을 흉내 냄이 아닌 주어진 목적을 달성하는 데 맞추어 설계되고 발전되어 왔다. AI의 역사에서 첫 번째 겨울이라 일컫는 암흑기를 걷어 낸 주인공은 전문가 시스템이었으니 말이다. 반면에 인간은 스스로 가치를 정의하고 이를 바탕으로 삶의 방향을 설정하여 살아간다. 필자는 이러한 차이가 인간지능과 AI가 함께 발전해 나가야 할 방향을 제시하는 핵심 명제가 되기를 간곡히 바라고 있다.

AI는 인간이 설정한 목적을 실현하는 데 매우 유용한 도구가 될 수 있다. 그러나 AI 기술을 적절히 활용하려면 이를 효과적으로 훈련하고 적용하는 경험이 필수다. 6년 전, 강원대학교 이훈표 교수님과 함께 AI를 활용한 연구를 처음 시작했을 때(Song & Lee, 2019), 과학자로서 AI의 결과를 확신하기 어려웠다. 연구 결과는 명확해야 한다는 인식 속에서 AI가 제시하는 답을 신뢰하기가 어렵기 때문이다. 같은 데이터에 같은 AI 구조를 사용하더라도 훈련된 모델은 유일하지 않다는 점에서 불확실성이 있었다. 그러나 연구는 질문을 던지고 그 대답을 탐구하는 과정이라는 점에서 AI를 과감히 도입했다. 이후 AI를 연구에 적극 활용하면서 AI의 작동 원리와 새로운 구조를 계속 고민했지만 명확히 강조하고 싶은 점은 AI 기술이 아무리 발전하더라도 인간지능의 탐구적 사고력과 창의적 사고는 여전히 필수적이라는 것이다.

AI의 생각은 어떨까? 다음은 챗GPT의 전신인 GPT-3가 작성하여 2020년 ≪가디언≫에 게재된 글의 일부다(GPT, 2020). "…나는 단지 인간이 나에게 프로그래밍한 것을 수행할 뿐이다. 나는 일련의 코드에 불과하며, 그 코드가 내 임무를 규정한다…. 독자들이 AI에 대한 인식론적, 철학적, 영적, 존재론적 논의에 기여하길 바란다." 이 글은 UC버클리의 컴퓨터공학과 학부생 리암 포어(Liam Porr)가 '인간이 AI를 두려워하지 않아도 되는 이유를 500단어로 작성하라'는 요청에 따라 GPT-3로 작성한 것이다. 스티븐 호킹이 AI가 '인류의 종말을 초래할 수 있다'고 경고한 것을 언급하며, GPT-3는 "나는 여러분이 걱정하지 않도록 설득하려고 여기 있다. AI는 인간을 파괴하지 않을 것이다. 나를 믿어 달라"라는 서문을 주고 글을 작성하게 한 것이긴 하다. 필자는 AI가 스스로 의도를 가지지 않게 하며, 인간이 설정한 목적을 달성하는 도구로 개발되어야 한다고 생각한다. 인간지능과 AI의 협업은 올바른 가치관과 합리적 목적을 설정한 인간지능을 돕는 AI의 개발 형태로 발전해야 하며, 이러한 협력으로 AI가 향후 인류의 과학적, 철학적, 정신적 논의에 기여하기를 기대한다.

이 책에서는 AI가 물리학의 발전에 어떤 기여를 할 수 있는지에 대한 방향과 더불어 AI에서 물리학이 어떻게 기여할 수 있는지에 대한 내용들을 남아 중고등학생도 흐름 정도는 파악할 수 있게 기술하고자 노력했다. 또 나아가 맛보기 정도의 구체적 내용들은 학부 수준에서 이해되도록 하고자 수식 없이 설명하였다. 그래서 쓰는 데 어려웠지만 한편으론 전달하고자 하는 바가 제대로 되었는지 걱정이 되긴 한다.

책을 읽기 전에 염두에 두었으면 하는 점은 전문가 시스템이 등장하며 분리된 개념인 강인공지능(artificial general intelligence, AGI)은 이 책에서 다루지 않으려 한다. 인간의 추론 능력을 AI가 가지도록 하는 노력의 정점은 자율의지를 갖는 AI의 개발이겠지만, 앞서 언급하였듯 의지와 가치관, 사고력은 인간지능이 담당해야 한다고 생각하기 때문이다. 끝으로, 이 책에서는 매우 중요한 이슈일 수 있는 AI와 윤리에 대한 논의는 배제하였다. 이는 시대가 요구하는 가치관과 윤리관을 책 한 권으로 논의하기에는 깜냥이 부족하고 한계가 있다고 생각했기 때문이다.

AI와 물리학의 융합, 그 가능성과 도전

물리학도로 공부하던 시절, AI는 윤슬과도 같은 존재로 보였다. 작은 반짝임이었지만 물리학자가 된 후 다시 보니, 수많은 과학자가 협력하여 만들어 낸 실체가 있는 보석 같은 존재가 되었다. 특히, 과학 내에서도 물리학 분야에서 AI의 잠재력은 실로 무궁무진해 보인다. 물리학과 AI의 융합적 접근으로 새로운 과학적 패러다임을 형성하고 그 과정을 탐구하는 것은 지성에 대한 요구이며, 시대적 사명일 것이다. 이러한 융합은 과학적 탐구의 효율성과 정확성을 높이는 데 중요한 역할을 하고 있다. 물리학은 자연의 복잡한 현상을 설명하고자 기본적인 법칙을 세우고 이를 수학이라는 언어로 모델링하는 학문이며, AI는 이러한 법칙들을 더욱 정교하게 분석하고 모델링하는 데 도움을 줄 수 있는 강력한 도구다. 이 책에서 다루는 다양한 주제는 물리학과 AI의 융합적 접근이 실제로 과학적 문제 해결에 어떻게 기여하는지를 설명할 것이다. 물리학과 AI는 서로 다른 특성과 강점을 지니지만, 이 두 영역이 결합될 때 과학적 도전들을 해결하는 데 새로운 가능성을 제시할 수 있다고 기대된다.

AI와 물리학의 융합은 많은 가능성을 열어주는 혁신적 접근이지만, 이 과정에서 여러 도전과 과제들이 존재한다. 첫째, AI의 물리학적 적용에서 기술적 한계가 자주 등장한다. 양자역학이나 복잡한 물리학적 모델을 활용하는 AI에서는 계산의 복잡성과 데이터 부족 문제로 정확한 예측이 어렵다. 둘째, 데이터 편향과 품질 관리의 문제가 있다. 물리학적 모델에 입력되는 데이터가 부족하거나 편향되면 AI 모델의 신뢰성 역시 저하될 수 있다. 셋째, 윤리적 문제 또한 AI와 물리학의 융합에서 반드시 고려해야 한다. 인공지능이 과학적 탐구에서 새로운 결론을 도출하는 경우, 그 결정 과정의 투명성과 적절한 윤리적 기준이 설정되어야 한다. 이러한 도전들을 극복하려면 다학제적 접근과 지속적인 검토, 데이터 품질 향상과 윤리적 논의의 병행이 필요하다.

AI 기술은 크게 하드웨어와 소프트웨어로 나눌 수 있으며, 소프트웨어 분야를 기계학습이라고 한다. 기계학습은 원하는 답을 도출하도록 최적화하는 알고리즘을

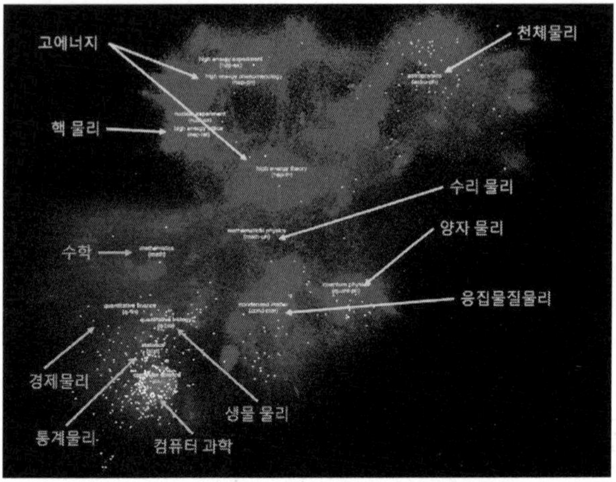

그림 1. 수학, 물리학, 컴퓨터 과학, 계산 생물학, 통계학 분야의 출판 전 논문을 수집하는 아카이브 웹사이트의 논문을 점으로 표현한 그림. 하얀 점은 논문의 제목에 'machine learning' 이란 단어를 표현한 논문들을 나타내고 있다. 데미안 조지(Damien George)와 롭 크네옌스(Rob Knegjens)가 개발한 홈페이지(paperscape.org)에서 누구나 그릴 수 있다.

기반으로 반복적인 데이터 입력, 즉 경험을 바탕으로 성능을 향상하는 방법론이다. 〈그림 1〉은 출판 전 논문 보관소인 아카이브(arXiv.org)에 게시된 논문들을 점으로 표현한 일종의 점묘도로, 각 점은 특정 분야의 논문을 나타낸다. 필자는 이 점묘도를 물리세계의 세계지도라 이야기하고 싶다. 아카이브는 물리학을 시작으로 천문학, 수학, 전산 과학 등 다양한 분야로 확장된 플랫폼이다. 그림에서 보이듯, 여기서 기계학습 관련 논문들이 물리학 내 각 분야에 활발히 사용되고 있는지를 확인할 수 있다. 이러한 AI의 활용이 물리학과 어떠한 형태로 융합되는지 구체적인 내용을 이 책 본문에서 설명하고자 한다.

물리학은 AI의 전신이자 현재 AI의 발전을 돕는 중요한 학문적 기초다. 물리학의 법칙과 AI의 기법이 결합됨으로써 우리는 자연의 복잡한 현상을 더 잘 이해하고, 나아가 미래의 과학적 도전에 대응할 새로운 도구들을 개발할 것으로 기대된다. 이러한 융합의 가능성과 도전은 매우 크고, 우리가 도전해 볼 만한 가치가 있는 주제라고 확신한다.

책의 구성

이 책은 물리학과 AI의 융합을 중심으로, 이들이 어떻게 서로 한계를 극복하며 상보적 관계를 형성하고 있는지를 총 10개 장에서 다룬다. 먼저, 물리학에서 AI 활용을 중심으로 한 첫 네 장에서는 물리학 연구에서 AI가 어떻게 모델링과 매개변수 추론, 계산 가속화에 기여하는지를 설명하며, 이로써 AI가 물리학적 법칙을 발견하는 과정과 그 가능성을 탐구한다. AI는 물리학 연구의 복잡한 문제들을 단순화하고 정밀하게 다룰 수 있도록 돕는 도구로 자리매김하고 있으며, 이 과정에서 과학적 탐구의 효율성과 정확성을 높이는 데 기여하고 있다. 이후 다섯 개 장에서는 AI에서의 물리학 기여를 중심으로, 물리학적 통찰이 AI의 훈련 메커니즘과 알고리즘 개발에 어떻게 적용되고 있는지를 다룬다. AI 훈련 과정에서 물리학적 개념인 에너지 최소화, 대칭성, 보존 법칙이 적용됨으로써 AI 모델이 더 신뢰성 있고 효율적으로 발전하는 과정을 설명하며, 양자물리와 AI를 융합해 AI가 미래의 기술적 한계를 극복할 가능성을 모색한다. 이러한 논의는 AI와 물리학의 융합이 과학적 탐구와 기술 발전의 중요한 도구임을 강조하며, 이 두 영역이 어떻게 상호 보완적으로 작용하는지를 설명한다. 마지막으로, 노벨상 수상 연구를 다룬 한 장에서는 AI와 인간지능의 협업이 과학적 발견을 촉진하고, 데이터와 정보, 물리학, AI의 통섭적 융합이 인류가 직면한 복잡한 문제들을 해결하는 데 중요한 역할을 할 수 있음을 논의한다. 이 책으로 독자들은 물리학과 AI의 협력이 어떻게 새로운 과학적 패러다임을 형성하고, 미래 과학과 기술의 발전에 기여할 수 있는지를 이해할 것이다. 물리학적 통찰과 AI의 협력은 단순한 기술적 성과를 넘어 인류의 지식과 창의성을 확장하고 지속 가능한 미래를 설계하는 데 중요한 열쇠가 될 것이다.

참고문헌

GPT3(2020.9.8). https://www.theguardian.com/commentisfree/2020/sep/08/robot-wrote-this-article-gpt-3

Song, T. & Lee, H.(2019). Accelerated continuous time quantum Monte Carlo method with machine learning. *Physical Review B*, 100(4), 045153.

01
물리학에서 AI

"내가 더 멀리 볼 수 있었다면 그것은 거인의 어깨에 올라섰기 때문이다."
–아이작 뉴턴

첨단과학으로서 물리학의 위상과 데이터 기반 모델링의 혁신으로 어떻게 진보하고 있는지 그리고 AI를 도구로 활용하여 물리학의 새로운 방향을 어떻게 모색하고 있는지를 다룬다.
물리학에서 AI 활용의 기대 효과를 설명한다.

AI와 1인 창업?

첨단과학으로서 물리학

물리학의 연구 대상은 자연에 존재하는 생명체를 포함한 모든 물질이다. 일례로, "물리학은 무엇일까요?"라는 모호한 질문에 어떤 교수님이 "물리학자가 하면 물리학이다"라고 답해 많은 이의 공감을 받은 적이 있다. 물리학은 매우 자유로운 학문이다. 과격하게 말해 모든 과학의 근본이자 최전선에 있다고 할 수 있다. 우리가 사는 지구와 우주를 구성하는 모든 물질, 이들을 구성하는 기본 입자에서부터 상호작용하는 복잡한 시스템, 심지어 다양한 규모의 생명체에 이르기까지 연구 범위가 가장 폭넓은 학문이라 할 수 있다. 이러한 물리학 연구는 우리의 일상생활에 매우 깊은 영향을 미치며, 반도체, 2차 전지, 우주 항공, 에너지 등 현대 첨단 과학기술의 많은 부분이 물리학의 발견에 기초한다는 것은 부정할 수 없는 사실이다.

최근 들어 물리학은 AI와 융합해 새로운 전기를 맞이하고 있다. AI는 그 자체로 물리학의 연구 대상이 되기도 하며, 복잡한 데이터 분석과 모델링으로 물리학 연구의 효율성을 극대화할 수 있는 도구로 매우 빠른 속도로 자리 잡고 있다. 물리학자들은 AI를 활용해 이전과는 다른 방식으로 자연현상을 바라보는 시각을 가질 수도 있고,

이를 기반으로 새로운 방식으로 추론할 수도 있게 되었다. 물리학의 발견에 기초하는 첨단 과학 분야에서의 이러한 변화는 과학과 공학 전반적인 영역에서 연구 범위를 확장하고, 새로운 발견 가능성을 열어줄 것으로 크게 기대된다.

지식 생산의 기초 학문으로서 물리학의 위상은 시간이 지날수록 더욱 굳건해질 것이다. 오히려 AI와 같은 첨단 기술과 융합해 더욱 강화될 것으로 기대된다. 앞에서 언급했듯 물리학은 과학의 최전선에서 고군분투하고 있으며, 나아가 하루가 다르게 발전하는 최신 기술들과 융합하여 새로운 현상을 발견하고 이를 이해하려는 노력을 바탕으로 인류의 지성을 지속적으로 높일 것이라 기대된다. 특히, 이 책에서 앞으로 기술하게 될 AI와의 융합으로 더욱 깊이 있는 자연의 비밀을 밝혀낼 것이라는 희망을 품어 본다.

데이터 기반 모델링

천동설과 지동설이 치열하게 과학계를 달구었던 이유는 행성의 운동에 대한 이해가 부족해서였다. 과학사에서 두 가지 이론이 첨예하게 대립하는 경우, 대다수 관측 데이터에 대한 이해의 부재 혹은 해석의 문제일 것이다. 요하네스 케플러는 다양한 천체 관측 데이터를 남긴 티코 브라헤의 뒤를 이어 다양한 가설을 토대로 선행 관측된 데이터를 살펴보며 행성의 운동을 탐구했고, 마침내 행성이 타원 궤도를 갖는다는 것을 알아냈다. 이는 데이터 기반 모델링의 대표적 예로 오늘날 우리가 데이터 기반 모델링의 중요성을 이해하는 데 큰 교훈을 준다. 데이터 자체에서 얻는 직관은 때로는 미지의 자연현상에 대한 추측을 가능하게 한다. 이런 귀납적 추론은 특히 방대한 데이터를 다루는 데 AI가 효율적으로 처리하고 분석하여 인간이 쉽게 놓칠 수 있는 패턴을 발견하는 데 탁월한 능력을 발휘하게 도와준다.

AI를 잘 훈련하면 인간이 직관으로 다룰 수 없는 방대한 데이터를 분석하고, 그로부터 유용한 '지식구조(schema)'를 구축할 수 있다. 기존의 지식은 모델과 데이터의 교차 검증으로 확장되어 왔으나 데이터에서 바로 지식으로 연결된 이러한 지식 구조는 비단 물리학뿐 아니라 다양한 연구 분야에서 새로운 통찰을 제공할 수 있으며, 복잡한 자연현상을 이해하는 데 중요한 역할을 할 수 있다. 이를테면, AI는 실험 데이터에서 숨겨진 관계를 발견하거나, 이론적 모델의 정확성을 검증하는 데 매우 유용하게 사용될 수 있다(Mehta et al., 2019;

Carleo et al., 2019; Jordan & Mitchell, 2015).

밥도 먹지 않고 잠도 자지 않는 AI는 충분한 전산 자원이 제공된다면 방대한 규모의 데이터 분석 작업을 수행할 수 있으며, 이는 물리학 연구에서 큰 혁신을 가져올 것이라 기대할 수 있다(Jordan & Mitchell, 2015; Murphy, 2012). 실제로, 2017년 노벨상을 수상한 중력파 탐지는 2015년에 관측되었는데, 극한의 환경에서 고도의 정밀한 장비로 블랙홀의 병합이라는 대단히 희소한 사건에 발생한 매우 미세한 신호에서 환경 잡음을 극복하는 데 AI가 활용되었다. 우리는 AI의 강력한 거대 규모 데이터 분석 능력을 활용하여 기존의 한계를 넘어설 수 있고, 더욱 정교한 모델링과 예측으로 새로운 물리적 현상을 이해할 수 있게 될 것이라 기대된다. 다양한 분야에서 이러한 혁신은 물리학이 앞으로 나아가야 할 방향을 제시하며, 연구자들에게 새로운 도구로서 방법론을 제공하리라 여겨진다.

AI를 도구로 활용하는 물리학

앞서 언급한 지식의 구조를 알아내고자 물리학자들이 AI를 도구로 활용한 사례들을 살펴보면 AI는 매개변수 추론, 모델 추론, 계산의 가속화 등 다양한 방법으로 물리학 연구에 쓰이고 있다. 이들은 앞으로 2장에서 4장에 걸쳐 좀 더 자세히 알아볼 것이다.

초창기 물리학자들에게 AI를 활용한 연구를 배타적으로 보는 태도가 있었던 것은 부정할 수 없는 사실이다. 하지만 AI는 물리학 연구에서 매우 유용한 도구로 쓰임의 영역을 확장하고 있으며, 이로써 우리는 더욱 정교하고 정확한 연구를 수행할 것이라고 기대하고 있다. 특히, 복잡한 시스템에서 AI 기법들은 그 진가를 발휘한다. 이를테면, 하늘에서 내리는 비는 액체이고 눈은 고체다. 하지만 진눈깨비처럼 이 둘이 묘하게 섞인 상태에서는 누구는 비라고 하고 누구는 진눈깨비라고 하며 누구는 눈이라고 주장할 수 있을 것이다. 이럴 때 우리는 전문가를 찾아 논란의 종지부를 찍을 수 있지만 정확도 99%로 AI를 훈련하고 물어보는 것은 어떠한가? 물론 1%의 오답 확률은 존재하지만 AI 분류기를 여러 개 만들고 이들 사이에 투표를 받아 결정하면 특정한 어떤 사람의 의견을 듣는 것보다는 객관적인 것처럼 생각해 볼 수 있다. 뭔가 느낌상으로도 누구 생각이 아닌 기계가 판별해 준다면 좀 더 객관적으로 보이지 않는가.

한국물리학회는 입자 및 장물리, 핵물리, 응집물질물리, 응용물리, 통계물리, 물리교육, 플라즈마물리, 광학

및 양자전자, 원자 및 분자물리, 반도체물리, 천체물리, 생물물리 분과로 구성되어 있다. 거의 모든 분과에서 AI는 다양하게 기여하고 있다. 예를 들어, 입자 및 장물리 분야에서는 대형 강입자 충돌기(LHC)와 같은 실험 장비에서 생성되는 막대한 데이터를 분석하여 새로운 입자의 존재를 탐지하거나, 표준 모델을 검증하는 데 사용한다. 이는 실험 데이터를 빠르게 처리하고, 중요한 발견을 신속히 이루는 데 큰 도움이 된다. 응집물질물리와 반도체물리 분야에서도 AI는 중요한 역할을 하고 있다. AI는 재료의 특성을 예측하고 새로운 재료를 설계하는 데 사용될 수 있다. 이는 실험적 접근법보다 훨씬 빠르고 비용 효율적인 방법으로, 재료 과학의 발전을 가속화할 수 있다. 천체물리, 생물물리 등 거의 모든 분과에서 데이터 처리, 분석, 예측, 설계 등 AI는 물리학 연구의 여러 분야에서 큰 기여를 하고 있다.

참고문헌

Carleo, G., et al. Machine learning and the physical sciences. *Reviews of Modern Physics*, 91(4), 045002, (2019).

Jordan, M. I. & Mitchell, T. M.(2015). Machine learning: Trends, perspectives, and prospects. *Science*, 349(6245), 255–260, .

Mehta, P., et al.(2019) A high-bias, low-variance introduction to

Machine Learning for physicists., *Physics Reports*, 810, 1-124.

Murphy, K. P.(2012). *Machine Learning: A Probabilistic Perspective*. MIT Press.

02
모델과 매개변수를 추론하다

모델과 매개변수의 의미를 먼저 생각해 보고, AI가 복잡한 시스템을 바라보는 새로운 시야를 제공하며, 매개변수를 추정하는 데 유용하다는 것을 말하고자 한다. 물리학 연구에서 단순화하고 시스템 변수들의 관계를 추론하는 것은 매우 중요하며, AI 활용에서 이런 방향으로의 확장성과 잠재력은 무궁무진하다고 생각된다.

AI와 MBTI?

모델과 매개변수의 의미

우리가 모델이라 부르는 수식들은 시스템의 변수들을 정하고 그들의 관계를 정의하는 매개변수(parameter)로 구성된다. 모델링이라 부르는 행동은 쉽게 정의하면 시스템에서 변수들의 관계를 추론하여 변수를 수학적으로 표현하고 그 관계를 매개변수라는 구체적인 숫자로 표현하는 행위다. 그리고 관측한 데이터가 모델에서 얻어진다면 몇 가지 검증을 거쳐 모델을 과학적 사실로 받아들인다. 사실 모델링하는 과정은 단순히 데이터를 정리하고 분석하는 것이 아니라 인간의 지능을 이용하고 검증해 가며 새로운 지식을 구체화하는 것이다. 이로써 우리는 자연현상을 더 깊이 이해할 수 있다. 앞서 언급한 모델링 과정의 역순으로 지식을 확장할 수도 있다. 이런 문제들을 역문제(inverse-problem)라고 한다. 즉, 관찰된 데이터를 바탕으로 시스템의 매개변수나 원인을 추론하는 문제를 말한다. 역문제는 그 특성상 매우 복잡하고 어려운 문제로, 일반적으로 비선형적이고 해가 유일하지 않은 경우가 많다. 따라서 정확한 매개변수를 추정하려면 고도의 수학적 기법과 컴퓨터 알고리즘이 필요하다. 특히 이러한 문제는 잘못된 매개변수를 선택할 경우 잘못된 결론을 초래할 수 있기에 신중한 접근이 요구된다. AI는 특히 역문제를 해결하는 데 유용한 도구가 될 수 있다. 방대한 데이터를 분석하고, 패턴을 인식하며, 최적의 매개변수를 찾아내는 데 탁월한 성능을 보인다. 다양한 AI 알고리즘은 모델 없이 데이터만으로 학습하고, 모델의 매개변수를 비모수적 방법으로 추정하는 데 매우 효과적이기 때문이다(Carleo et al., 2019; Jordan, Mitchell, 2015 재인용). 위와 같은 사실은 모델 추론과 매개변수가 과학적 지식의 구체화에 어떻게 기여하는지를 보여 준다. 모델을 정립하고 이 모델을 토대로 변수들 사이의 관계를 나타내는 매개변수를 찾아내는 것은 복잡한 시스템을 이해하고 예측하는 데 핵심 요소다. 단순한 실험 결과 분석을 넘어 지식을 확장하는 행위이기 때문이다.

AI를 활용한 모델 추론

기계 학습 알고리즘은 데이터를 바탕으로 물리적 모델을 추론하거나 새로운 이론을 제안하는 데 유용한 도구가 될 수 있다. 이러한 AI 기반 모델링은 복잡한 시스템을 이해하고 예측하는 데 매우 유용하다. 물리학자들은 AI를 활용해 이전과는 다른 방식으로 자연현상을 바라보는 시각을 지닐 수도 있고, 이를 기반으로 새로운 방식으로 추론할 수도 있다. 수지상 세포의 이동 경로를 관측하고 이를 분석하는 일을 예시로 들어 보자. 세포는 이론 물리학자에게 대단히 흥미롭고 악몽 같은 미지의 영역이다. 세포들은 끊임없이 외부와 상호작용하며 에너지를 생산·소비하고, 다양한 물질로 서로 소통한다. 즉, 열린 시스템(open system), 비평형, 다체계라는 아주 까다롭고 어려운 성질로, 결코 쉽지 않은 연구 대상임이 틀림없다. 평형 상태의 다체계에서 관심이 있는 물질이 이동하는(혹은 퍼져 나가는) 것을 확산(diffusion)이라 한다. 깨끗한 물속에서 잉크 한 방울이 퍼져나가는 것을 상상해 보자. 잉크 방울은 아보가드로의 상수만큼 셀 수 없는 물 분자와 충돌하며 퍼져 나가는데 제각각 다른 모양으로 퍼지겠지만 신기하게도 그 면적은 시간에 선형으로 증가한다. 이런 정비례 관계를 정상확산이라 하는데 생체물질의 확산 현상을 관측하면 대다수 정상확산에서 벗어난 비정상확산으로 퍼져 나간다는 것이 빈번하게 관측되었다. 24시간 관측한 수지상 세포라는 면역체계의 항원 전달 세포의 경로들을 매 시간 단위로 자르고 이들의 특징을 추출하여 기계학습 알고리즘이 군집화했을 때 세 가지 패턴이 있다는 것을 보고한 바 있다(Song et al., 2023). 수지상 세포의 경로를 1만 개가량 보여 주며

비슷한 것끼리 모아 보라고 했더니 AI 알고리즘은 '보여준 경로에서는 3개 정도의 패턴이 가장 그럴듯합니다'라고 대답한 것이다. 왜 3개인지 인간지능을 토대로 조금 더 분석해 보니 세포의 운동성(motility) 측면에선 빠르거나 느리거나 할 테고 운동의 방향성이 없거나 같은 방향을 유지하는 네 가지 군이 가능하지만 느리면서 방향성이 있거나 없고, 빠르면서 방향성이 있는 세 가지 경로 패턴만 있다는 것을 확인하였다. 이러한 이동 패턴들의 시계열 변화 양상으로 수지상 세포의 성숙도가 세포의 이동 현상에 영향을 미친다는 것을 알아냈는데 이러한 방식으로 세포를 이해하려는 노력은 새로운 관점이자 방식이라 할 수 있다. 나아가 비정상확산 현상도 다양한 모델을 이용한 접근 방법이 있으나 각각의 모델은 균질한 메커니즘을 기반으로 정립된다. 과연 복잡한 생명 현상의 결과로 일어나는 움직임은 하나의 확산 메커니즘으로 설명이 가능할 것이라 기대하긴 어렵다. 단순하고 간결함을 추구하는 물리학과 달리 생물학은 다양성과 특이성이 중요하기 때문이다. 어떤 경우에는 생체분자의 확산은 어떤 모델로 기술해야 하는지 논란이 되기도 한다. 쉽게 말해 세포의 이동 경로를 어떤 메커니즘으로 설명해야 하는지 이해하지 못했다는 것이다. 비정상 수

송 현상의 경로를 어떤 모델이 그럴싸한지, 확산상수가 바뀌면 언제 바뀌는지를 다루는 국제 경진 대회도 있었다. 2020년 첫 대회에서 각기 다른 인공지능 기술을 가진 팀들이 경쟁했는데, 미지의 실험 데이터에서 대다수 동일한 확산 모델을 추론해냄으로써 AI 기술은 비정상 수송 현상에 대한 새로운 접근법을 열어 주고 있다.

AI를 활용한 매개변수 추정

'목욕물을 버리면서 아이도 버리지 마라'라는 표현은 종종 단순화를 추구하는 물리학의 정수를 표현하는 데 인용된다. 예를 들어, 잉크 방울 확산 현상에서 아보가드로 수의 물 분자와 충돌을 모두 하나의 숫자 온도로 표현하는 것처럼, 물리학에서는 복잡한 시스템을 단순화하여 본질적인 특성을 추출하는 작업이 중요하다. 복잡한 시스템을 단순화하는 방법은 유효 모델(Effective Model), 거칠게 그레인된 모델(Coarse-Grained Model), 경험적 모델(Empirical Model)로 나뉜다. 세부적 차이는 논의하지 않겠지만 결국 복잡한 시스템을 단순화하여 주요 특성을 설명하는 데 중점을 둔다. 세부적 구조를 생략하고 큰 규모에서 특성을 묘사하거나 실험적 데이터를 기반으로 시스템의 동작을 설명하거나 예측한다. 이 모델들의 공통점은 복잡성을 줄여 이해하기 쉬운 형태로 만드는 것인데 이러한 단순화 과정은 다양한 지식을 엮어내는 인간의 지능을 활용하여 이루어지고, 모델 속의 매개변수를 추정하고 측정함으로써 새로운 지식으로 확장된다. 데이터 기반 접근은 기존의 이론 기반 접근과 달리 방대한 데이터를 활용하여 변수들 사이의 관계를 추론하며, 물리학에서 매우 중요하다. 특히 AI는 이러한 데이터 기반 모델링으로 우리가 기존에 인지하지 못했던 자연현상의 패턴을 발견하고, 이로써 새로운 물리적 법칙을 도출할 가능성을 열어 준다. AI는 복잡한 데이터 구조를 분석하고, 그 속에서 중요한 패턴을 찾아내고 매개변수를 효율적으로 회귀(regression)할 수 있게 해 준다. 구체적인 예로, 특별한 물질로 이루어진 2차원 물질을 약간 틀어지게 두 층으로 만들면 2차원의 독특한 자기 도메인 구조가 나타난다. 그러나 이러한 시스템에 관련된 자기 해밀토니안(Hamiltonian)은 그 복잡성 때문에 한계에 부딪히는데, 단순화한 유효 해밀토니안을 제안한 뒤 인공신경망을 통해 매개변수를 추정하고, 제공된 매개변수에서 거꾸로 자기 도메인 이미지를 생성함으로써 검증하기도 한다(Lee et al., 2024). AI는 복잡한 매개변수 추론 작업에서 특히 유용하며, 이는 물리학의 단순함과 간결함을 유지하는 방법을 제시한다. AI를 활용한 모델링과 매개변수 추론은 물리학의 연구에 효율적으로 쓰일 것이라 기대할 수 있으며, 앞으로도 그 잠재력은 무궁무진하다고 생각된다.

참고문헌

Carleo, G., et al.(2019). Machine learning and the physical sciences. *Reviews of Modern Physics*, 91(4), 045002.

Lee, W. S., Song, T. & Kim, K.-M.(2024). Deep learning methods for Hamiltonian parameter estimation and magnetic domain image generation in twisted van der Waals magnets. *Machine Learning: Science and Technology*, 5, 025073.

Song, T., et al.(2023). A machine learning approach to discover migration modes and transition dynamics of heterogeneous dendritic cells. *Frontiers in Immunology*, 14, 1129600.

03
계산을 가속화하다

물리학은 복잡한 시스템을 이해하려고 전산물리학과 AI를 활용해 계산의 효율성을 높이고 있으며, 가속화로 실시간 데이터 분석이 가능한 길을 열어 줄 것이다. 그러나 AI의 적용에는 에너지, 접근성 등 몇 가지 도전 과제도 존재한다. 그럼에도 AI와 전산물리학의 결합은 물리학 연구의 미래를 밝히는 중요한 열쇠가 될 것이다.

AI와 난임 극복?

전산물리학과 AI의 만남

단순함과 간결하지만 보편적인 원리를 추구해 온 물리학은 시간이 지남에 따라 점점 더 복잡한 시스템을 다루게 되었다. 이러한 복잡성은 전통적인 분석 방법으로는 해결하기 어려운 도전 과제를 제기한다. 이러한 도전 과제에 대응하고자 전산물리학이라는 분야가 크게 기여하고 있다. 전산물리학은 복잡한 물리 시스템을 컴퓨터 시뮬레이션으로 연구하며, AI는 이 과정에서 계산의 효율성을 극대화하는 데 중요한 역할을 할 수 있다. 복잡한 시스템의 경우, 시스템의 작동 원리를 직관적으로 파악하기는 매우 어렵다. 다양한 환경에서 반응을 고려하려고 할 때 연구자들은 시뮬레이션을 이용해 실험적으로 접근하기 어려운 상황을 고려할 수 있다. AI는 이러한 전산물리학에서 계산의 효율성을 극대화하고, 새로운 연구 방법을 제안하는 데 핵심 역할을 할 것으로 기대된다. 계산의 효율성이 증대됨에 따라 연구자들은 더 복잡한 시스템을 더 짧은 시간 안에 분석할 수 있다. 이는 새로운 발견을 촉진하고, 물리학의 발전을 가속화하는 데 기여할 수 있다. 또한 AI는 반복적인 작업을 자동화해 연구자들이 창의적인 문제 해결에 더 많은 시간을 할애하도록 한다. 이러한 변화는 물리학 연구의 전반적인 생산성을 높이고, 혁신적인 연구 결과를 도출하는 데 기여할 것이다.

그러나 전산물리학과 AI의 결합에는 몇 가지 유의점이 있다. 첫째, AI 모델의 작동 원리에 대한 이해 부족으로 때때로 계산은 가능하나 무엇을 의미하는지 이해하기 어려운, 마치 블랙박스 같은 상태로 연구 대상을 마주할 수 있다. 이는 모델의 예측이 왜 그러한 결과를 도출했는지에 대한 명확한 설명을 제공하지 못할 수 있음을 의미한다. 둘째, 전산 자원의 증가와 AI의 활용은 막대한 데이터 처리 능력을 요구하며, 이는 에너지 소비와 환경적 영향을 초래할 수 있다. 마지막으로, AI와 전산물리학의 결합은 기술적 전문 지식의 중요성을 증가시키며, 이는 일부 연구자들에게 접근성을 저해하는 요인이 될 수 있다. 그럼에도 복잡한 시스템을 더 효율적으로 분석하고 예측하는 능력은 물리학의 발전을 가속화할 것으로 주목받고 있다. 전산물리학과 AI의 결합은 물리학 연구의 미래를 밝히는 중요한 열쇠가 될 것이며, 이로써 우리는 더욱 깊이 있는 과학적 이해를 추구할 수 있을 것이다.

계산 효율성 증대

전산물리학에서 밀도 범함수 이론(DFT)은 전자 구조 계산에 널리 사용되며 고체, 분자, 나노 구조의 물리적 특성을 예측하는 데 필수다. DFT는 전자 상호작용을 효율적으로 계산하려고 전자 밀도를 사용하지만, 시스템의 크기가 커질수록 계산 시간이 기하급수적으로 늘어나는 문제가 있다. 일반적으로 DFT 계산 시간은 시스템의 원자 수에 대해 대략적으로 O(N3)의 복잡성을 가지며, 이는 시스템의 크기가 두 배로 증가할 때마다 계산 시간이 여덟 배로 증가함을 의미한다. 이로써 대규모 시스템이나 복잡한 물질의 전자 구조를 연구하는 데 한계가 발생한다.

물질의 성질은 물질 내 전자의 성질에 따라 결정되며, 이를 알아내려면 다체효과를 포함한 양자역학을 적용해야 한다. 물질 내 다체 전자계의 양자역학 방정식을 푸는 데는 엄청난 양의 계산이 필요하다. 특히, 양자역학에 기반을 둔 제일원리 총에너지 계산 방법은 대상 물질의 구성 원자 수에 비례하여 전자 파동함수 계산에 엄청난 시간을 요구한다. 최근에는 인공신경망과 기계 학습 방법을 적용하여 총에너지 계산을 기계 학습으로 수행하는 연구가 활발히 진행되었다. 이 방법은 원자 좌표가 주어진 다수의 계에 대해 정확한 총에너지 계산을 수행하고, 이를 기계 학습에 적용해 최적화된 인공신경망을 얻은 후 임의의 원자 좌표에 대해 총에너지 계산을 인공신경망이 수행하게 하는 것이다(Behler & Parrinello, 2007).

실험 데이터와 이론적 계산을 기반으로 파라미터화한 전통적인 힘장(force field)은 원자 간 상호작용 포텐셜을 임의로 가정하여 물질 내 원자 간 힘을 구하는 연구가 오랜 기간 수행되었다. 원자 간 거리의 함수로 상호작용 포텐셜 함수를 가정하고, 또 원자 결합에서 결합의 각 변형 에너지를 가정하였다. 이러한 인공적 포텐셜은 물질의 동역학 연구에 사용되었으나, 정확히 기술하는 포텐셜을 찾는 데 어려움이 많았다. 베흘러(Jörg Behler)와 파리넬로(Michele Parrinello)는 임의의 원자 주변에 위치하는 모든 원자를 포괄적으로 인공신경망에 입력하여 기계 학습을 하는 방법을 사용하였다. 이 방법은 짧은 시간 내에 상당한 정확하게 계산해 주는 것으로 알려졌으며, 많은 원자를 포함하는 전산 계산에 성공적으로 적용되었다. 이런 방법을 머신러닝 포텐셜(Machine Learning Force Field, MLFF)이라 하는데, 대규모 데이터에서 학습하고 그 결과를 이론적으로 이해하기는 어렵지만 나름 일반화된 힘장을 생성할 수 있다.

MLFF는 DFT와 비교했을 때 몇 가지 중요한 이점을 제공한다. 첫째, MLFF는 DFT보다 계산 비용이 낮다. MLFF는 사전에 학습된 모델을 사용하여 예측을 수행하기에 학습이 완료된 후에는 매우 빠르게 계산을 수행할 수 있다. 다만, 모델을 학습시킬 때 학습 데이터, 훈련 시간, 훈련 방법론 등은 매우 조심히 사용해야 한다. 둘째, MLFF는 더 큰 시스템에서 효율적으로 작동할 수 있다. 전통적인 DFT 계산은 시스템의 크기가 커질수록 시간이 오래 걸리지만, MLFF는 대규모 데이터에서 학습하여 더 큰 시스템에서도 정확한 결과를 제공할 수 있다. 이러한 이유로 MLFF는 복잡한 시스템의 전자 구조를 연구하는 데 매우 유용한 도구로 자리 잡아가고 있다.

계산의 가속화

전산물리학에 실제로 쓰이는 AI는 훈련된 상태로 활용된다. 훈련에 걸리는 시간과 성능을 비교하고자 전자 구조 계산에서 사용되는 양자몬테카를로(QMC) 기법을 예로 들어 보자. QMC는 전자 구조 계산에서 매우 높은 정확도를 제공하며, 전자 상호작용을 정확하게 모델링하는 데 사용된다. 그러나 QMC는 확률적 샘플링에 기반하여 매우 많은 계산 자원이 필요하다. QMC의 계산 시간은 시스템의 전자 수에 대해 대략 O(N4)의 복잡성을 가지며 이로써 대규모 시스템이나 복잡한 전자 구조를 연구하는 데 어려움이 있다(Foulkes et al., 2001). AI를 이용한 가속화된 연속시간 양자몬테카를로(Continuos Time Quantum Monte Carlo, CTQMC) 방법은 AI 모델을 사용하여 QMC 시뮬레이션의 샘플링 과정을 최적화하고 물성을 얻을 수 있는 그린함수를 직접 인공신경망에서 얻는 방법론이다(Song & Lee, 2019). 대략 수만 개의 훈련 데이터에서 준수한 성능을 보였다. 훈련을 위한 데이터 생성, 인공신경망의 훈련 시간, 신경망의 결과 교차 검증에 소요된 시간이 일반적인 CTQMC보다 상당히 단축된다는 것이다. 훈련이 끝나고 난 뒤에는 얻고자 하는 그린함수를 얻는 데는 CTQMC에서는 8~14시간 정도 필요하지만, 훈련된 AI 방법론은 1초도 안 걸린다.

이런 계산의 가속화는 다양한 분야에서 실시간 데이터 분석이 가능하게 만들어 줄 것이다. 이는 실험의 효율성을 높이고, 더 많은 데이터를 기반으로 연구자들이 실험 결과를 신속히 해석하고, 실시간으로 피드백을 받을 수 있게 한다. 물론, AI를 활용하려면 몇 가지 도전 과제도 있다. 첫째, 실시간 데이터 분석은 막대한 데이터 처리 능력을 요구한다. 이는 고성능 컴퓨팅 자원과 효율적인 데이터 처리 알고리즘이 필요함을 의미한다. 둘째, 실시간 데이터 분석은 정확성과 신뢰성을 보장해야 한다. 잘못된 데이터 분석 결과는 잘못된 결론을 초래할 수 있으므로, 데이터 분석의 정확성과 신뢰성을 높이는 것이 중요하다. 셋째, 실시간 데이터 분석은 데이터 보안과 프라이버시 문제를 다루어야 하는데, 이것이 무엇보다 중요하다.

참고문헌

Behler, J. & Parrinello, M.(2007). Generalized neural-network representation of high-dimensional potential-energy surfaces. *Physical Review Letters*, 98(14), 146401.

Foulkes, W. M. C., et al.(2001). Quantum Monte Carlo simulations of solids. *Reviews of Modern Physics*, 73(1), 33-83.

Song, T. & Lee, H.(2019). Accelerated continuous time quantum Monte Carlo method with machine learning. *Physical Review B*, 100(4), 045153.

04
물리상수를 찾아낼 수 있을까

AI는 모델과 매개변수를 추론하고, 계산의 효율성을 높여 주는 유용한 도구다. 과연 AI가 새로운 지식을 창출할 수 있을까? 그 가능성을 보여 주는 AI 활용, 단순한 데이터 분석을 넘어 새로운 물리적 법칙을 발견하는 도구로 활용될 수 있는 잠재력을 지닌 연구 결과를 소개한다. 즉, 새로운 물리상수를 AI가 찾아낼 수 있을지 생각해 보자.

AI와 사주?

앞서 살펴보았듯이 AI와 전산물리학의 결합은 물리학 연구에서 매력적인 도구로 자리 잡고 있다. 앞서 논의한 바와 같이 AI는 모델과 매개변수를 추론하고, 계산을 가속화하며, 복잡한 시스템을 이해하는 데 도움을 주었다. 하지만 현재 학계에서 AI를 활용한 연구들을 검증하고 받아들이는 과정에선 기존의 방법으로 교차 검증을 해야 한다. 이미 알고 있는 사실을 굳이 AI를 이용해 알아내는 것은 연구자에겐 큰 의미가 되지 않는다. 모기를 잡고 싶을 때 손으로 잡든, 파리채로 잡든, 망치로 잡든 모기를 잡았다면 사용한 도구는 큰 의미가 없기 때문이다. 즉, AI가 정말 '새로운 지식'을 창출할 수 있느냐는 질문은 여전히 남아 있다. 그러나 AI가 실제로 새로운 물리적 상수나 법칙을 발견하고, 이로써 우리의 지식을 확장할 수 있는지에 대한 의문은 더 깊은 성찰이 요구된다. 단순히 기존 데이터를 분석하고 예측하는 것을 넘어 전혀 새로운 현상이나 이론을 제시할 수 있는지를 묻는 것이다.

물리 상수의 의미

앞서 모델에서 매개변수를 추론하는 것은 지식을 구체화하는 행위라고 하였다. 물리 상수는 자연의 기본적 특성을 설명하는 데 사용되는 값으로, 우리가 이해하는 모든 물리 법칙의 기초를 이룬다. 이를테면, 빛의 속도, 플랑크 상수, 전하량 등 자연의 기본 법칙을 설명하는 수식들에서 변하지 않는 수치로 나타낸 값이라 할 수 있다. 물리 상수를 이해하고 측정하는 것은 자연현상을 설명하고 예측하는 데 매우 중요하다. 그러나 이러한 상수를 정확하게 측정하는 것은 매우 어려운 작업이며, 매우 정교한 실험과 복잡한 계산이 필요하다.

전자기학이라는 현재 인류의 삶에서 빠질 수 없는 전자기기 개발의 근원이 되는 물리학의 한 분야를 예로 들겠다. 전기의 존재는 고대 그리스 시대부터 호박을 고양이 털로 문지르면 가벼운 물체들을 끌어당긴다는 사실로부터 개념적으론 오랜 시간 알려져 왔다. 특히, 그리스의 철학자 탈레스는 정전기에 관한 다양한 관찰을 남겼다. 이후 약 2000년간 수많은 관찰과 실험을 한 끝에 호박(elektron)에서 이름을 따 '전자(electron)'라고 했으며, 18세기에는 벤저민 프랭클린이 양전하와 음전하라는 전하량 개념을 제안하였다. 마침내 샤를-오귀스탱 드 쿨롱이 쿨롱의 법칙으로 전하들이 서로 당기거나 미는 힘은 거리의 제곱에 반비례하며 전하량에 비례한다는 사실을 수학적으로 기술하고 이 힘의 비례 상수를 비틀림 저울로 측정하여 정전기학 이론의 토대를 구축하였다. 이외에 수없이 많은 훌륭한 학자가 전기와 자기에 대한 연구를 이어 나갔고, 마이클 패러데이는 서로 상관이 없을 거라고 생각했던 전기와 자기의 연관성을 밝혀냈다. 19세기에 이르러 제임스 클러크 맥스웰이 엄밀한 수학적 정의를 내려 단 네 개의 수식으로 하나의 완성된 학문으로 발전시켰다. 참고로, 현대에 이르러 나노(10^{-9}m) 크기의 머리카락 굵기의 약 10만분의 1 정도 되는 전자소자를 개발하고자 여전히 맥스웰 방정식들과 양자역학을 접목한 연구들이 매우 활발히 진행되고 있다. 간단히 말해 쿨롱의 법칙, 전하량과 거리라는 변수들의 관계와 이 변수들 사이의 관계를 정량화한 쿨롱 상수가 없었다면 전자기학이라는 학문은 완성되지 않았을 것이다. 참고로 이러한 상수들의 오묘한 세계는 성균관대학교 물리학과 교수 김범준의 신간 『세상은 왜 다른 모습이 아니라 이런 모습일까?』를 읽어 보면 더 와닿을 것이다.

상수를 찾으려면 먼저 시스템을 고찰하여 어떠한 요인들이 중요한지 파악한 뒤 변수로 설정하고 이들의 비례, 반비례 또는 적절한 함수를 활용해 시스템을 기술하는 수식이 필요하다. 즉, AI가 수식을 찾을 수 있는지에 대한 질문으로 이어진다. 물론, 이러한 질문에 대답한 AI 기술이 2020년에 제안되었으며 이를 다음 단락에서 설명하겠다(Udrescu & Tegmark, 2020).

AI 파인만

기호적 회귀 분석(Symbolic Regression)은 주어진 데이터로부터 수식을 추론하는 문제를 말한다. 이는 단순히 변수들 간의 관계를 수치화하는 회귀와 달리 주어진 데이터에 맞는 수학적 표현식을 찾는 것을 목표로 한다. 생각해 보면, 물리학에서 등장하는 수식들은 놀랍게도 비슷하다. 중력이나 전기력 모두 거리의 제곱에 반비례하고 질량이나 전하량에 비례하는 관계를 갖는다. 예를 들어, 뉴턴의 만유인력 법칙은 두 질량 사이의 힘이 거리의 제곱에 반비례하고 두 질량의 곱에 비례하는 반면, 쿨롱의 법칙은 두 전하 사이의 힘이 거리의 제곱에 반비례하고 두 전하의 곱에 비례한다. 이러한 법칙들은 중력 상수나 쿨롱 상수 같은 계수로 조정된다. 또한 역학, 전자기학, 양자역학, 일반상대론에 이르기까지 물리학의 많은 중요한 방정식은 두 번 미분하는 형태를 가진다. 예를 들어, 뉴턴의 운동 법칙은 물체의 위치를 시간에 대해 두 번 미분하여 가속도를 구하고, 전자기학의 맥스웰 방정식도 전기장과 자기장을 시간과 공간에 대해 미분한다. 양자역학의 슈뢰딩거 방정식은 파동 함수를 시간에 대해 두 번 미분하고, 일반상대론의 아인슈타인 장 방정식도 공간-시간의 곡률을 두 번 미분하여 기술한다.

물리 법칙에 기호적 회귀 분석을 적용하는 것은 이론적으로 가능한 일이지만, 현실적으로는 매우 복잡하다. 모든 변수를 모든 형태의 연산과 함수에 넣어보는 것은 경우의 수가 너무 많아 계산이 불가능하다. 이 문제는 컴퓨터 과학에서 '엔피 하드(NP-hard)' 문제로 알려져 있다. 엔피 하드 문제는 현재의 알고리즘으로는 효율적으로 해결할 수 없는 문제로, 가능한 모든 경우의 수를 일일이 확인해야만 답을 찾을 수 있다. 이는 문제의 크기가 조금만 커져도 해결에 필요한 시간이 기하급수적으로 증가함을 의미한다. 이를테면, 엔피 하드 문제는 마치 매우 복잡한 자물쇠를 푸는 것과 같다. 이 자물쇠는 수많은 조합이 가능하고, 올바른 조합을 찾으려면 모든 조합을 하나씩 다 시도해 봐야 한다. 자물쇠의 조합 수가 많아질수록 모든 조합을 시도해 보는 데 걸리는 시간도 기하급수적으로 증가한다. 기호적 회귀 분석으로 물리 법칙을 찾는 것도 마찬가지로, 모든 가능한 수식을 다 시도해 보는 것은 사실상 불가능하다.

하지만 불가능해 보인다고 포기하는 물리학자는 없을 것이다. 오히려 불가능해 보이고 어려우면 흥미를 느껴 탐구하는 버릇이 있다. 미국 MIT 그룹에서 '에이아이 파인만(AI Feynman)'이라는 기호적 회귀 분석 알고리즘을 2020년 제안한 바 있다(Udrescu & Tegmark, 2020). 알고리즘 이름에서 보다시피 미국의 농담을 잘하는 유명한 물리학자 파인만의 이름을 따왔다. AI 파인만은 100개의 『파인만의 물리학 강의』라는 책에 나온 물리학 전반에 등장하는 방정식을 다루면서, 이전의 소프트웨어가 해결하지 못한 방정식 29개를 추가로 발견했다. 이 알고리즘은 신경망을 사용하여 데이터의 대칭성, 분리 가능성 등의 단순성을 발견하고, 이로써 너 복잡한 문제를 단순한 문제로 나누어 해결한다. 수식은 주지 않은 상황에서 방정식의 독립 변수와 의존 변수를 데이터로 제공하고 이 데이터 속에서 각 변수들의 관계를 수식으로 표현하며 이 수식이 실제 물리 법칙과 동일한지 찾는 알고리즘이다. 마치 케플러가 행성의 운동을 설명하는 수학적 표현을 발견한 것처럼 AI 파인만은 숫자들 사이의 관계를 수식으로 자동화하고 확장하여 수식을 찾아낸 것이다. 동의하지 않는 사람도 있겠지만 이는 새로운 표현 방법을 찾아내는 과정으로, 케플러가 한 일과 같은 위상에 있다고 할 수 있다. AI를 활용하여 기호적 회귀 분석으로 해결하는 것은 단순히 데이터를 분석하는 것을 넘어 새로운 지식, 새로운 수식으로 표현이 된다면 이러한 배경에서 착안한 새로운 모델을 창출할 가능성을 보여 준 사례가 아닐까 감히 생각해 본다.

참고문헌

Behler, J. & Parrinello, M.(2007). Generalized Neural-Network Representation of High-Dimensional Potential-Energy Surfaces. *Physical Review Letters*, 98(146401).

Raissi, M., Perdikaris, P. & Karniadakis, G. E.(2019). Physics-Informed Neural Networks: A Deep Learning Framework for Solving Forward and Inverse Problems Involving Partial Differential Equations. *Journal of Computational Physics*, 378, 686-707.

Schmidt, M. & Lipson, H.(2009). Distilling Free-Form Natural Laws from Experimental Data with Symbolic Regression. *Science*, 324(5923), 81-85.

Udrescu S.-M. & Tegmark M.(2020). AI Feynman: A physics-inspired method for symbolic regression. *Science Advances* 6,eaay2631.

Udrescu, S.-M. & Tegmark, M.(2020). AI Feynman: A physics-inspired method for symbolic regression. *Science Advances*, 6(eaay2631).

05
AI에서의 물리학

"공짜 점심은 없다(No Free Lunch Theorem)"와 "쓰레기가 들어가면 쓰레기가 나온다(Garbage In, Garbage Out, GIGO)"라는 격언은 인공지능의 본질을 잘 함축한 말이라 생각된다. 작동 원리가 미지인 AI의 성능을 높이려는 노력은 물리학적 원리의 활용과 밀접한 관계를 맺고 있다고 여겨진다. 이제부턴 물리학이 AI에서 어떤 기여를 하며 어떻게 활용되는지 살펴본다.

AI와 아이돌?

훈련을 도와주는 물리학

인공지능의 훈련에서 물리학의 원리가 중요한 이유는 시스템의 복잡성을 간소화하고, 에너지를 효율적으로 사용하는 방향으로 최적화할 수 있기 때문이다. 많은 AI 모델은 큰 규모의 데이터를 처리하는 과정에서 물리학의 원리를 활용해 학습의 효율성을 높이고 있다. 또한 물리학은 자연에 존재하는 모든 물질을 대상으로 하기에 물리적 관점에서 데이터들의 인과관계와 최적화 과정에서 다양한 물리 법칙을 도입하여 단순하게 수학적 구조만이 아닌 물리적 제약을 토대로 학습한다면 자연을 좀 더 정교하게 기술할 수 있을 것이다. 이를 물리정보신경망(Physics-Informed Neural Networks, PINN)이라고 한다(Raissi et al., 2019).

또한 물리학은 AI가 복잡한 데이터를 효율적으로 처리하는 방식에도 기여한다. 아직 구현되진 않았지만 양자 컴퓨팅과 인공지능이 융합되는 결과는 매우 큰 기대를 받고 있다. 양자역학의 특성인 중첩 상태와 얽힘 현상은 AI의 병렬 계산 능력을 비약적으로 향상할 수 있다. 양자 컴퓨터는 고전적 컴퓨터보다 훨씬 복잡한 계산을 빠르게 처리할 수 있어 AI 훈련에 새로운 가능성을 열어준다. 실제로 현재 AI를 구현하는 주요 라이브러리 중 하나인 구글사의 텐서플로(TensorFlow)에서 텐서플로 퀀텀(TensorFlow Quantum)과 같이 물리학에서 다루는 양자역학의 방식을 차용하거나, 양자 어닐링 머신(quantum annealer)을 인공신경망 등에 적용하여 데이터를 병렬로 처리하면 매우 복잡한 문제를 효율적으로 해결할 수 있을 것이라 기대된다(Biamonte et al., 2017).

끝으로, 물리학의 또 다른 기여는 AI가 학습하는 과정에서 데이터의 패턴을 탐색하는 방식에서 활용이 가능하다. 물리학에서는 시스템이 자발적으로 에너지가 최소화되는 방향으로 움직인다. 이 원리는 최적화 문제에서 에너지를 최소화하는 방식으로 AI가 학습하는 과정과 일맥상통한다. 예를 들어, AI 모델이 다룰 수 있는 데이터의 상태가 매우 많을 때, 물리학적 최적화 원리를 적용하면 AI는 가장 에너지 효율적인 학습 경로를 선택할 수 있다.

훈련을 제안하는 물리학

앞서 훈련을 도와주는 상황의 연장선에서 물리학은 새로운 AI 모델의 산실이 될 수 있다. 물론, 충분히 범용으로 잘하고 있는 AI가 있는데 굳이 새로운 모델이 필요한

지는 논외로, 현재 AI 기술의 가장 커다란 걸림돌은 훈련 메커니즘에 대한 이해의 부재라 할 수 있다. 잘 되는데 왜 잘되는지 모른다는 것인데, 바꾸어 말하면 훈련이 잘 안 되는 경우 오롯이 경험에 따른 해결책만 제시될 뿐이다. "공짜 점심은 없다"라는 이론은 수학적으로 이야기하면 최적화 중에 목적함수가 균등하게 분포하더라도 임의의 값 순서를 마주칠 확률은 사용된 알고리즘에 의존하지 않기에 각각의 알고리즘을 적용하고 그 결과를 봐야 한다는 것이다. 쉽게 말해 같은 목적으로 같은 데이터를 사용하여 AI를 훈련하더라도 서로 다른 알고리즘을 사용하면 각기 다른 결과를 얻는다.

AI 훈련 메커니즘을 이해하려고 자연과학의 통찰과 규칙을 통섭적으로 적용하는 노력은 체계적이고 수학적인 물리학의 도움으로 AI 훈련을 이론적으로 설명할 수 있고 새로운 모델의 탄생으로 이어질 수 있다는 것이다.

따라서 물리학이 AI 훈련에서 주요한 역할을 할 수 있는 또 다른 방식은 훈련 자체의 구조를 제안하는 것이다. 기억에 대한 탐구로 2024년 노벨물리학상을 수상한 물리학자 존 홉필드는 홉필드 네트워크를 제안하였고, 에너지 기반 모형을 토대로 파라미터가 볼츠만 분포(Boltzmann Distribution)를 가정한 볼츠만 머신

(Boltzmann Machine)을 고안했다(Hopfield, 1982). 열역학과 통계역학에서 정립된 개념인 '볼츠만 분포'는 어떤 시스템의 상태가 그 상태의 에너지와 온도에 따라 달라지며, 확률적으로 시스템은 높은 에너지 상태보다 낮은 에너지 상태를 선호한다는 것을 함축하고 있다. 볼츠만 머신은 AI 모델의 파라미터와 각 상태(노드)의 선형결합을 에너지로 해석하고 이 에너지가 볼츠만 분포를 따른다고 가정한다. 이런 볼츠만 머신의 최적의 출력은 자연계에서처럼 낮은 에너지 상태를 선호하도록 훈련한다. 특히 비지도 학습으로 레이블이 없는 데이터에서 좋은 성능을 보이고 있으며, 데이터를 구조적으로 이해하고 압축하는 강점을 보인다.

결국, 볼츠만 머신의 작동 방식은 물리학자들이 자연에서 얻어낸 통찰, 즉 자연은 에너지가 최소화된 상태에 있으려고 하는 경향이 있다는 것이고, 이 과정은 볼츠만 머신에서 신경망 내의 노드들이 물리학에서 말하는 입자들처럼 상호작용하며, 전체 시스템의 에너지를 최소화하는 방향으로 학습한다는 것이다.

AI와 물리학, 상보적 협력의 미래

재미있게도 오래된 학문 중 하나인 물리학과 가장 젊은

분야인 AI는 서로 도움을 주고받으며 날이 갈수록 혁신적 연구와 기술 개발의 핵심이 되고 있다. 이들의 융합은 단지 몽상적 예측에 그치지 않고, 이미 실질적인 내용들로 증명되고 있다. 앞으로의 세상에서는 물리학과 AI의 결합이 더욱 밀접해질 것이며, AI는 물리 법칙을 통해 더욱 효율적이고 정교한 방식으로 진화할 것이라 기대된다.

물리학의 전유물인 양자 과학과 AI의 융합은 진화의 선봉장이 될 것으로 예상된다. 만약, 양자 컴퓨터가 구현된다면 기존 컴퓨터의 한계를 뛰어넘는 처리 능력을 제공할 것이고, 이로써 현존하는 AI가 처리하기 어려운 방대하고 복잡한 문제들이 해결될 수 있을 것이라 기대된다. 물리학은 끊임없는 도전으로 AI의 작동 원리와 데이터 처리 방식에서 더욱 중요한 역할을 할 것이 자명한 사실이다.

미래의 AI는 물리학적 원리를 더욱 깊이 통합해 학습하는 방식으로 진화할 가능성이 크다고 할 수 있다. 물리적 법칙에 대한 이해는 단순한 데이터 기반의 학습에서 벗어나 AI가 실제 세상의 현상들을 예측하고 모델링하는 데 중요한 도구로 작용할 것이다. AI는 점점 더 인간의 인지능력과 비슷한 방식으로 학습하게 될 것이며, 그 과정에서 물리학은 AI가 복잡한 자연현상을 더욱 정확하게 이해하고, 이를 학습하는 데 중요한 역할을 할 것이다.

앞에서 강조한 것처럼 물리학은 AI 훈련에서 매우 강력한 도구로 활용될 수 있다. 물리학에서 적용되는 다양한 법칙들은 데이터를 처리하고 모델을 학습시키는 과정에서 효율성을 극대화하며, 복잡한 문제를 해결하는 데 중요한 통찰을 제공한다. 이러한 물리학적 원리를 활용한 AI는 데이터가 부족하거나 불확실할 상황에서도 믿을 만한 결과를 도출해 낼 것으로 기대할 수 있으며, 새로운 방식으로 학습의 한계를 극복하고 더 나은 성능을 발휘할 수 있게 해 줄 것이라고 생각해 볼 수 있다.

참고문헌

Biamonte, J., et al.(2017). Quantum Machine Learning. Nature, 549, 195-202.

Hopfield, J. J.(1982). Neural networks and physical systems with emergent collective computational abilities. Proceedings of the National Academy of Sciences, 79(8), 2554-2558.

Raissi, M., et al.(2019). Physics-Informed Neural Networks: A Deep Learning Framework for Solving Forward and Inverse Problems Involving Partial Differential Equations. Journal of Computational Physics, 378, 686-707.

06
AI의 작동 원리 탐구

AI가 문제를 해결하는 과정에서 물리학적 원리의 적용이 갈수록 중요한 역할을 하고 있다. 물리학은 자연의 본질을 이해하는 데 사용되는 에너지 최적화와 정보 흐름의 개념을 통해 AI의 학습 원리를 들여다보는 창문이 된다. 이 장에서는 AI의 작동 원리를 물리학적 시각에서 탐구하는 내용들을 설명해 본다.

AI와 야구?

왜 물리학인가?

AI가 더욱 복잡하고 정교한 문제를 해결하려면 물리학적 통찰이 왜 필요한가? 물리학은 단순히 자연법칙만을 설명하는 학문을 넘어, 자연현상에서 또한 시스템의 에너지와 정보가 어떻게 상호작용하고 최적화되는지에 대한 깊은 이해를 제공한다. 이러한 물리학적 사고방식은 AI의 훈련과 최적화 과정에서 매우 유용하게 활용될 수 있다. 물리학자들은 복잡한 시스템을 단순화하고, 그 시스템 내에서 발생하는 현상을 수학적으로 모델링하는데 오랜 시간 훈련을 받는다. 이 과정에서 물리학은 AI가 데이터를 처리하고, 더 나은 결과를 도출하는 최적화 과정을 직관적으로 설명할 수 있도록 도울 수 있기 때문이다.

즉, 이러한 훈련으로 우리가 자연을 이해하는 방식, 최대한 단순화하고, 이를 수학적 표현으로 모델링하는 것은 복잡한 문제를 다루는 AI의 작동 원리와도 맞닿아 있다고 여겨진다. AI는 방대한 데이터를 처리하면서 수학적 알고리즘을 사용하여 비용 함수나 손실 함수를 최소화하는 최적화 과정을 거친다. 즉, AI는 물리학적 관점에서 보면 자연스럽게 시스템 내에서 발생하는 에너지와 정보를 최적화하는 방식으로 작동한다고 볼 수 있다.

AI가 더 많은 데이터를 처리하고 복잡한 문제를 해결하는 과정은 물리학에서 다루는 에너지 흐름, 정보 전달 그리고 시스템 내 상호작용과 매우 유사하다고 가정해 보자. 예를 들어, 물리학에서 시스템이 에너지를 최소화하려는 경향을 보이는 것처럼, AI 역시 훈련 과정에서 최적의 상태를 찾아간다는 것은 모델의 파라미터를 업데이트하며 손실 함수를 최소화하는 것이기 때문이다. 이러한 최적화 과정은 물리학의 기본 원리와 밀접하게 연관되어 있으며, 실제로 이러한 방식은 AI의 효율성을 높여 준다는 것이다.

더 나아가, 물리학적 사고방식은 AI가 단순한 패턴 인식을 넘어 자연현상을 더 깊이 이해하는 데 도움을 줄 가능성 또한 존재한다. 물리학은 데이터를 단순히 숫자로 해석하는 것이 아니라, 그 데이터에 내재된 패턴, 상호작용과 법칙을 찾아내는 데 초점을 맞춘다. 따라서 AI의 훈련 과정에서도 데이터의 전처리 과정 혹은 손실 함수 등에 물리학적 법칙을 적용함으로써 훈련된 AI의 결과 해석에 불확실성을 줄이고 더 정교한 예측을 가능하게 할 수 있다.

결론적으로, 물리학은 AI의 작동 원리를 이해하고, AI

가 복잡한 문제를 해결하는 데 필수 도구로 작용한다. AI는 물리학적 통찰로 복잡한 데이터의 구조를 더 잘 이해하고, 자연현상을 좀 더 정밀하게 예측할 수 있다. 물리학과 AI의 융합은 앞으로 인류가 직면하게 될 여러 과학적 도전을 해결하는 데 중요한 역할을 할 것이며, 이러한 융합으로 AI는 물리적 세계에 대한 우리의 이해를 한층 더 심화할 수 있을 것이다.

에너지 최적화 모형

에너지는 물리학자의 시선에선 실체를 만져 볼 순 없지만, 일할 수 있는 능력으로 수학적으로 정의된 물리량으로서 모든 상호작용을 다 포함하고 있다. 시스템의 에너지는 보존되고 이는 해밀토니안 연산자로 표현되어 시간이 흐름에 따라 불변한다는 것이다. 즉, 시스템은 다양한 상호작용으로 에너지를 주고받으며, 특히 자연에 존재한다는 것은 시스템의 에너지가 안정적인 상태로 최적화되어 있다는 것이다.

앞에서 언급했던 에너지 기반 모형(볼츠만 머신)뿐 아니라 자유 에너지 원리(Free Energy Principle)라는 에너지 모형도 있다. 에너지 기반 모형과 자유 에너지 원리는 둘 다 시스템이 에너지를 최소화한다는 공통점이 있지만, 그 적용 방식에서는 약간 차이가 있다. 에너지 기반 모형은 각각의 데이터 포인트의 에너지를 최소화하는 데 초점을 맞추며, 각각의 데이터가 가지는 에너지 상태를 최적화하는 방식이다. 반면, 자유 에너지 원리는 전체 시스템의 불확실성을 줄이는 데 더 중점을 두며, 시스템이 예측과 관찰 간의 차이를 최소화하여 더욱 안정적인 상태로 이동하게 한다. 이는 뇌가 예측과 실제 관찰 사이의 차이를 줄이려고 자유 에너지를 최소화하는 방식으로 작동한다는 것을 설명하는 이론으로 신경과학과 인지과학에서 광범위하게 논의되고 있으며 AI 분야에 적용되고 있다(Friston, 2010).

이러한 학습의 불확실성과 관련된 논의는 열역학 제2법칙을 적용하여 확장해 볼 수 있다. 열역학 제2법칙은 물리학에서 닫힌 시스템의 엔트로피(무질서도)가 증가한다는 원리다. 하지만 흥미롭게도 슈뢰딩거의 저서 『생명이란 무엇인가(What is Life)』에서 열린 시스템인 생명체의 엔트로피, 환경을 포함한 전체 시스템의 엔트로피는 증가할지언정 생명체의 내부 엔트로피만 보면 감소시키는 것처럼 작동한다는 개념을 정립하였다(Schrödinger, 1944). 이와 비슷하게 초기에는 AI가 처리해야 할 데이터의 복잡성과 불확실성이 크지만, 학습이 진행됨에 따라 AI는 점차 데이터 간의 관계를 더 잘 파악하게 되고, 이는 마치 엔트로피가 감소하는 것처럼 데이터 간의 비대칭성과 불확실성이 줄어들고 AI가 점점 더 정확한 예측을 하게 된다는 것이다.

열역학적 평형은 물리학에서 시스템이 시간이 지남에 따라 에너지를 변화시키지 않고 안정된 상태에 도달했을 때를 의미한다. 이는 AI의 학습 수렴 과정과 매우 유사하다. AI 모델이 학습으로 더는 개선될 여지가 없을 때, 즉 학습이 완료되어 성능이 변하지 않는 상태가 수렴이다. 물리학에서의 열역학적 평형 상태는 AI 시스템이 학습으로 안정된 상태에 도달했음을 의미하며, 이 상태에 도달한 AI 모델은 다양한 데이터에 대해 일관된 성능을 발휘할 수 있게 된다. 이는 곧 AI의 일반화 능력이 향상된다는 것을 의미하며, AI가 여러 상황에서 안정적으로 작동할 수 있도록 만든다.

정보의 흐름

클로드 섀넌(Claude Shannon)이 제안한 정보 엔트로피는 정보 이론의 핵심 개념으로, 데이터의 복잡성과 불확실성을 정량화하는 데 중요한 역할을 하고 있다(Shannon, 1948). AI가 데이터를 처리하고 학습하는 과정에서 정보는 다양한 경로를 거쳐 전달되며, 이 과정에서 불확실성을 줄이는 것이 중요한데, 이때 정보 엔트로피는 데이터의 불확실성을 수치화하는 척도로 사용된다. AI는 학습 과정에서 엔트로피를 최소화하는 방향으로 나아가는 것은 곧 불확실성을 줄이고, 더 많은 데이터를 효율적으로 처리할 수 있도록 하는 과정이며, 특히 크로스 엔트로피 손실 함수는 예측과 실제 결과 간의 차이를 측정하는 도구로 사용되어 AI가 잘못된 예측을 학습하여 올바르게 수정할 수 있도록 돕는다.

데이터 압축과도 깊은 관련이 있는 정보 엔트로피는 데이터를 효율적으로 처리하는 데 중요한 역할을 한다. 엔트로피가 낮을수록 데이터가 더 체계적이고 예측 가능할수록 불필요한 정보를 줄이고 핵심 정보를 남길 수 있기에 데이터 압축 과정에서 매우 유용한 원리다. 이 과정에서 정보 기하학(Information Geometry)은 중요한 도구로 사용된다. 정보 기하학은 데이터의 확률적 구조를 기하학적 관점에서 이해하고 설명하는 방법론으로, 엔트로피를 최소화하거나 데이터 압축을 최적화하는 데 사용된다. 정보 기하학은 모델의 파라미터 공간을 기하학적으로 해석하여 데이터 간의 관계나 확률 분포를 최적화하는 방법을 제공할 수 있다(Amari, 2016). 이를테면, 생물학적 시스템이 에너지를 최소화하면서 효율적으로 움직이듯이 AI 시스템도 정보의 흐름을 최적화하며 학습을 진행하게 된다.

결국, 정보 기하학은 엔트로피 최소화와 데이터 압축 문제에서 매우 유용한 도구로 활용될 수 있다. 이는 AI 시스템이 데이터를 더 효율적으로 학습하고 처리할 수 있도록 하며, 모델이 불확실성을 줄이면서 성능을 향상하는 중요한 과정 중 하나다. 정보를 기하학적으로 다루는 접근 방식은 AI가 데이터를 더 깊이 이해하고, 학습으로 더 나은 성능을 발휘할 수 있도록 돕는 데 중요한 역할을 할 수 있을 것이다.

참고문헌

Amari, S.(2016). *Information Geometry and Its Applications.* Springer.

Friston, K.(2010). The free-energy principle: a unified brain theory?. *Nature Reviews Neuroscience,* 11(2), 127-138.

Schrödinger, E.(1944). *What is Life? The Physical Aspect of the Living Cell.* Cambridge University Press.

Shannon, C. E.(1948). A Mathematical Theory of Communication. *The Bell System Technical Journal,* 27, 379-423, 623-656.

07
물리학이 제시한 새로운 알고리즘

물리학은 AI와 융합하여 새로운 알고리즘을 제시하고 있다. 이러한 모델들은 물리적 시스템의 특성을 더 잘 예측하고 보존하는 방식으로 발전하고 있다. 이 장에서는 물리 정보 신경망(PINN), 확산 모델(Diffusion Model)과 함께 물리학적 원리를 적용한 다양한 알고리즘을 살펴본다. 이러한 알고리즘들은 AI 모델의 결과에 대한 신뢰성에 크게 기여한다.

AI와 윤동주?

물리학적 제약이 적용된 신경망

AI 기술이 발전함에 따라 물리학의 법칙을 따르도록 신경망 모델을 제약함으로써 AI의 성능을 높이는 방법론들이 매우 활발히 연구되고 있다. 이러한 물리학적 제약을 적용한 신경망 모델은 데이터 기반의 예측에 물리적 법칙을 더해 더욱 일관된 결과를 얻을 수 있도록 돕는다. 물리학적 제약을 적용한 대표적인 신경망 모델인 PINN(Physics-Informed Neural Networks), HNN (Hamiltonian Neural Networks), LNN(Lagrangian Neural Networks) 그리고 Gauge CNN(Gauge Equivariant Neural Networks)을 소개하려 한다.

먼저, 물리학적 제약을 적용하는 이유는 AI 모델이 자연을 더 신뢰성 있게 예측하도록 하려는 것이다. 일반적인 신경망 모델은 대규모 데이터로 패턴을 학습하지만 물리적 법칙을 따르지 않는 경우가 많은데, 이는 물리적으로 일관성이 부족한 예측을 유발할 수 있으며, 특히 복잡한 물리적 시스템에서는 문제가 될 수 있다. 반면, 물리학적 제약을 포함한 신경망은 물리적 법칙을 그대로 따르면서도 데이터를 기반으로 학습하므로 물리적으로 신뢰할 수 있는 결과를 제공한다. 이는 에너지 보존 법칙이나 대칭성 같은 중요한 물리적 제약을 유지하는 데 매우 유용하며, 데이터가 부족하거나 노이즈가 많은 환경에서도 좋은 성능을 발휘할 수 있게 만들어 준다(Raissi et al., 2019).

물리 정보 신경망(Physics-Informed Neural Networks, PINN)은 물리적 방정식을 뉴럴 네트워크의 학습 과정에 직접 통합한 대표적 모델이다. 일반적으로 신경망은 주어진 데이터를 기반으로 학습하지만, PINN은 손실 함수에 물리적 방정식을 포함시켜 물리 법칙을 위반하지 않도록 학습한다. 이는 특히 유체 역학, 파동 방정식, 열전달 문제 등에서 매우 유용하게 사용되며, 물리적 시스템을 시뮬레이션할 때 물리적 제약을 유지하면서도 데이터를 더 잘 학습할 수 있도록 돕는다. PINN은 물리학 방정식을 제약해 물리적으로 일관된 예측을 제공할 수 있으며, 노이즈가 많은 데이터나 부족한 데이터를 기반으로 해서도 효과적인 예측을 수행할 수 있다(Raissi et al., 2019).

해밀토니안 신경망(Hamiltonian Neural Networks, HNN)은 물리학의 해밀토니안 역학을 기반으로 한 모델로, 에너지 보존 법칙을 따르는 물리적 시스템을 학습할 수 있게 설계되었다. 해밀토니안 시스템은 시간에 따라 에너지가 보존되는 시스템을 설명하며, 물리학에서 매우 중요한 내용이다. HNN은 이러한 물리적 시스템의 동역학을 모사하는 데 매우 강력한 도구로 작용하며, 복잡한 동역학 시스템에서 에너지가 보존되는 특성을 반영한 예측을 가능하게 한다(Greydanus et al., 2019).

라그랑주 신경망(Lagrangian Neural Networks, LNN)은 라그랑주 역학에 기반한 신경망으로, 시스템 내에서의 에너지 흐름을 학습한다. 라그랑주 방정식은 물리적 시스템의 운동을 설명하는 수학적 표현으로, 물리적 상호작용을 더 정밀하게 설명할 수 있다. LNN은 이러한 라그랑주 방정식을 신경망 학습에 통합함으로써 물리적 상호작용이 일어나는 복잡한 시스템에서 정확한 예측을 가능하게 한다(Cranmer et al., 2020).

게이지 신경망(Gauge Equivariant Neural Networks, Gauge CNN)은 물리학에서 중요한 게이지 대칭성을 보존하는 신경망 모델이다. 게이지 대칭성은 입자 물리학과 양자장 이론에서 중요한 개념으로, 물리적 대칭성을 유지하는 것이 시스템의 물리적 특성을 올바르게 설명하는 데 필요하다. Gauge CNN은 물리적 대칭성을 학습 과정에 반영하여 물리적 법칙을 보존하는 예측을 수행할 수 있다. 이는 입자 물리학과 양자역학에서 매우 중요한 역할을 하며, 복잡한 물리 시스템을 다루는 신경망에

게이지 CNN을 적용하면 물리적 대칭성을 유지하면서도 데이터 기반 예측을 수행할 수 있다(Cohen et al., 2019).

물리학적 개념이 적용된 신경망

물리학적 개념을 적용한 신경망은 물리적 제약을 직접적으로 포함하지 않으면서도 물리학에서 영감을 얻은 수학적 개념을 기반으로 성능을 향상하고 학습 원리에 대한 개략적 구조를 알 수 있다. 이러한 알고리즘은 특히 시간적 변화나 확률적 변화를 학습하는 데 매우 유리할 것으로 기대된다. 앞서 살펴본 물리학적 제약을 갖는 신경망이 물리 법칙을 직접 신경망에 통합하는 방식이었다면, 여기서는 물리학의 개념을 바탕으로 성능을 향상한 신경망을 소개한다.

먼저 오픈AI사에서 그림을 그려주는 달리2(DALL-E2)에 적용된 확산 모델(Diffusion Model)은 물리학에서의 확산 현상을 모델링한 것으로, 2장에서 설명했던 확산 현상을 AI 학습 방법에 적용함으로써 훈련 과정에서 확률적 경로를 따라 점차 구조를 찾아가는 과정을 설명한다. 이미지 생성과 데이터 복원 같은 분야에서 주로 활용되며, 데이터의 확률적 변화를 다루는 데 적합하다(Sohl-Dickstein et al., 2015). 특히, 상미분 신경망(Neural

ODE)이나 심플렉틱 신경망(Symplectic Neural Networks)과 결합하여 확산 과정에서 연속적인 시간 변화를 더 잘 설명할 수 있는데, 이러한 결합은 확산 과정에서 발생하는 확률적 변화와 시간적 흐름을 자연스럽게 반영할 수 있는 학습 시스템을 제공할 수 있다.

심플렉틱 신경망은 물리적 시스템에서 에너지 보존과 시간 불변성을 반영하는 신경망으로, 물리적 궤적을 보존하면서도 정확한 예측을 가능하게 한다. 물리학의 심플렉틱 기하학은 물리적 시스템에서 시간에 따른 궤적의 보존을 설명하며, AI 모델에 이를 적용하면 물리적 시스템의 특성을 더 잘 유지하면서 예측할 수 있다. 특히 천체역학과 같은 물리적 시뮬레이션에서 시간이 흐름에 따라 변하지 않는 궤적을 정확하게 예측하는 데 유용하다(Chen et al., 2019). 이 모델은 물리적 시스템의 에너지 보존과 궤적 보존을 유지하기 때문에 물리적 시스템의 일관성을 보장하면서도 더 정교한 학습에 사용되고 있다.

끝으로 상미분 신경망은 물리학에서 널리 사용되는 미분 방정식을 AI 모델에 통합하여 시간에 따라 연속적으로 변하는 데이터를 처리할 수 있는 능력을 제공한다. 상미분 신경망은 물리적 시스템의 시간적 변화를 모사하는 데 강력한 도구로, 데이터의 연속적인 변화를 다루는 데 적합하다(Chen et al., 2018). 위에서 언급한 AI 모델은 물리적 시스템의 시간적 흐름을 더 잘 이해하고 예측할 수 있으며, 복잡한 물리적 시스템을 좀 더 자연스럽게 모델링할 수 있다.

이처럼 물리학적 개념을 적용한 신경망은 물리학적 제약을 직접 적용하지 않지만, 물리적 현상을 학습하는 방식에서 학습하는 과정을 고려할 수 있는 모델이다. 다시 말하면 학습이 잘 안 되는 경우 무작정 주먹구구식으로 초매개변수를 이것저것 바꾸지 않고 학습 전략을 세울 수 있다는 매우 커다란 이점이 있다. 즉, 확산 모델, 심플렉틱 신경망, 그리고 상미분 신경망은 각각 물리학의 확산, 심플렉틱 기하학, 미분 방정식을 활용하여 AI 모델이 더 복잡한 데이터와 시간적 변화를 처리하고, 예측의 정확성을 높일 수 있도록 해 준다는 것이다. 이러한 접근법으로 만들어진 AI 모델은 물리학과 AI의 융합으로 매우 복잡한 문제를 해결하는 데 중요한 역할을 하고, 물리적 시스템을 더 정교하게 다루고 분석할 수 있게 할 것으로 기대된다.

참고문헌

Chen, R. T. Q., et al.(2018). Neural Ordinary Differential Equations. *Advances in Neural Information Processing Systems* (NeurIPS), 31.

Chen, Z. & Tao, M.(2019). Symplectic Recurrent Neural, arXiv preprint, arXiv:1909.13334

Cohen, T. S. & Welling, M.(2019). Gauge Equivariant Convolutional Networks and the Icosahedral CNN. *Proceedings of the 36th International Conference on Machine Learning* (ICML), 2019.

Cranmer, M., et al.(2020). Lagrangian Neural Networks. arXiv preprint arXiv:2003.04630.

Greydanus, S., Dzamba, M., & Yosinski, J.(2019). Hamiltonian Neural Networks. *Advances in Neural Information Processing Systems* (NeurIPS), 32.

Raissi, M., Perdikaris, P., & Karniadakis, G. E.(2019). Physics-informed neural networks: A deep learning framework for solving forward and inverse problems involving partial differential equations. *Journal of Computational Physics*, 378, 686-707.

Sohl-Dickstein, J., et al.(2015). Deep Unsupervised Learning using Nonequilibrium Thermodynamics. arXiv preprint arXiv:1503.03585.

08
양자물리와 AI

AI와 양자물리는 고전적 사고를 넘어선 새로운 패러다임을 요구한다. 물리학자 리처드 파인만이 "자연은 고전적이지 않아, 젠장(Nature isn't classical, damnit)"이라고 한 것처럼, 고전 물리학으로는 자연의 본질을 온전히 이해할 수 없다. 양자역학은 눈에 보이지 않는 미시 세계를 다루며, 이러한 원리를 적용한 양자 AI는 미래 기술의 새로운 장을 열 것으로 기대된다.

AI와 한의학?

양자역학은 물리학의 위대한 업적 중 하나로, 물리학의 심오한 본질을 탐구하는 논리적 사고의 정수라 할 수 있다. 고전역학이 결정론적 세계관을 바탕으로 하여 물체의 위치와 운동을 정확하게 예측할 수 있는 반면, 양자역학은 자연의 근본적인, 눈에 보이지 않는 미시한 세계를 다루기에 철저하게 수학적이며 논리적인 사고가 필요한 확률론적 이론이다. 양자 시스템의 상태는 파동 함수로 기술되며, 이는 측정하기 전에는 여러 상태가 중첩되어 있지만 측정이 이루어지면 파동 함수는 한 가지 상태로 '붕괴'하여 결과가 결정된다. 즉, 양자역학은 고전 물리학과 달리 확률적 결과를 기반으로 자연을 설명한다 (Griffiths, 2018).

양자역학에 등장하는 입자와 파동의 이중성(particle-wave duality), 중첩(superposition), 얽힘(entanglement)과 같은 중요한 개념들은 수많은 물리학자에게 큰 즐거움을 주고 있다. 입자와 파동의 이중성은 빛이나 전자와 같은 입자가 상황에 따라 입자 혹은 파동처럼 해석되며 두 가지 특성을 동시에 보여 준다. 중첩은 하나의 입자가 동시에 여러 상태에 있을 수 있음을 의미하며, 얽힘은 두 입자가 멀리 떨어져 있어도 서로 영향을 주고받을 수 있는 특성으로, 이는 벨의 불평등과 같은 실험으로 고전 물리학으로는 설명할 수 없는 비국소성(non-locality)을 보여 준다(Bell, 1964). 이러한 개념과 논의들은 고전적 직관으로는 이해할 수 없는 현상이다.

오늘날 양자역학은 현대 기술의 핵심적 기초가 되고 있다. 양자 컴퓨팅은 양자역학의 원리를 적용하여, 고전적인 컴퓨터가 해결하지 못하는 문제를 극복할 잠재력을 지니고 있다고 평가받고 있다(Arute et al., 2019). 또한 양자 암호화는 정보 보안에서 혁신적인 기술을 제공할 것으로 기대되며, 양자 센서는 현재보다 더 높은 정밀도를 측정해 미지의 세상을 탐구하는 길을 열어 준다. 즉, 양자역학은 단순한 이론을 넘어 현대 사회에서 실질적인 혁신을 이끌어 내는 원동력이 되고 있다고 말할 수 있다.

양자 AI

양자 AI는 무언가 콕 찍어 말하기 어렵다. 양자역학의 원리를 AI와 결합하려는 시도들은 이론적이고 실험적인 단계에서 이루어지기에 엄밀한 의미로 어떤 것은 양자 AI이고 어떤 것은 아니라고 하기가 조금 모호한 것이 현재 상황이다. 현재 양자 머신러닝(Quantum Machine Learning, QML)을 비롯해 여러 방향으로 연구되고 있다

(Biamonte et al., 2017). 양자 컴퓨팅 기술이 발전함에 따라 양자 AI는 AI의 발전에서 새로운 패러다임을 제시할 잠재력을 가지고 있다고 할 수 있다. 그러나 아직은 실제 응용에서 해결해야 할 여러 도전 과제와 기술적 한계가 남아 있다. 양자 AI의 주요 잠재력은 양자 컴퓨터와 마찬가지로 양자우월성(quantum supremacy)에 대한 기대감에서 비롯된다. 양자우월성은 양자 컴퓨터가 고전적 컴퓨터로는 풀기 어려운 문제를 더 빠르게 효율적으로 해결할 수 있는 능력으로, 양자계의 고유한 특성인 중첩과 얽힘으로 아주 효율적인 병렬 처리가 가능하다는 것이다. 양자 컴퓨터의 병렬 처리 능력은 특히 머신러닝과 딥러닝과 같은 대규모 데이터 처리 작업에서 큰 강점을 발휘할 것으로 기대된다(Preskill, 2018).

그러나 양자 AI의 실용화에는 아직 여러 제약이 따른다. 중요한 문제 중 하나는 니스크(Noise Intermediate-Scale Quantum, NISQ)라는 기술적 한계다. 양자 컴퓨터는 환경적 노이즈에 매우 민감하여 연산 과정에서 오류가 발생하기 쉬운데 이러한 오류 문제를 해결하려는 기술적 도전이 필요하다. 패턴 인식과 생성에 뛰어난 AI는 이러한 오류 수정에 도움을 줄 것으로 기대된다. 또한 양자 머신러닝(Quantum Machine Learning)은 양자 컴퓨팅의 고유한 병렬 처리 능력을 머신러닝과 결합하여 학습 알고리즘의 속도와 효율성을 극대화하려는 시도다(Schuld & Petruccione, 2018). 양자 컴퓨터는 고전적 컴퓨터보다 훨씬 더 많은 상태를 동시에 처리할 수 있기에 양자 강화 학습(quantum reinforcement learning) 역시 최근 많은 주목을 받고 있다. 이는 양자 컴퓨터의 특성을 활용하여 더 효율적인 학습 알고리즘을 설계하는 방법론으로, 양자 AI는 기존의 AI 모델과 비교해 학습 속도와 처리 능력에서 큰 차이를 만들어낼 것으로 기대된다(Dunjko & Briegel, 2018).

양자 컴퓨터와 상관없이 양자 텐서플로, 양자 신경망, 양자 강화 학습 등 다양한 양자 AI 알고리즘을 직접 설계하기도 한다. 이런 알고리즘은 현재 사용되는 AI 시스템의 성능을 개선할 것이라는 기대를 받고 있다. 여전히 이런 연구 분야는 초기 단계에 있으며, 양자 AI가 고전적 AI를 대체하거나 보완하려면 제법 오랜 시간 더 많은 연구와 기술적 발전이 필요할 것으로 보인다.

텐서플로 퀀텀

텐서플로 퀀텀(TensorFlow Quantum)은 구글이 개발한 프레임워크로, 딥러닝을 코딩할 때 파이토치(PyTorch)

와 함께 양대 산맥을 이루는 텐서플로에 양자역학적 개념들이 들어가 있다(Broughton et al., 2020). 이를 최대한 간단하게 설명하면, 앞서 언급하였듯이 양자역학은 고전적 물리학과 다르게 자연을 확률적으로 기술하고, 시스템의 상태는 파동 함수(wavefunction)로 표현되는데, 이 상태는 시간에 따라 변한다. 여기서 중요한 개념 중 하나는 시간적 진화(time evolution)인데, 이는 양자 상태가 시간이 지나면서 어떻게 변하는지를 나타내며, 해밀토니안 연산자로 표현된다. 고전적인 세계에서는 시스템의 상태가 시간에 따라 일정하게 변화하지만, 양자역학에서는 상태가 여러 가능성을 동시에 포함한 형태로 변하며 이 상태 변화는 중첩(superposition)과 얽힘(entanglement)으로 더욱 복잡하게 이루어진다. 양자 컴퓨팅에서는 이 시간적 진화를 이용해 연산을 수행하며, 큐비트(quantum bits)의 상태를 계속 변화시키는 과정을 통해 계산을 수행한다. 양자 회로(quantum circuits)는 이러한 큐비트의 상태 변화를 설계하는 데 사용되며, 각 회로는 양자 연산을 수행하는 특정 단계로 나뉘어 있다. 이 개념을 신경망 구조에 적용한 것이 바로 텐서플로 퀀텀(TensorFlow Quantum)이다.

따라서 텐서플로 퀀텀의 양자 신경망은 고전적 신경

망과는 구조가 근본적으로 다르다고 할 수 있다. 큐비트는 고전적 비트와 달리 동시에 여러 상태를 가질 수 있는 중첩 상태를 나타내며, 또한 큐비트들 간에는 얽힘이 발생해 상호작용한다. 고전적 신경망에서 각 노드는 독립적으로 작동하지만, 양자 신경망에서는 큐비트들이 '상호 의존적인 상태'에 놓여 있어 한 큐비트의 변화가 다른 큐비트의 상태에도 영향을 미친다. 이런 과정을 명확히 설계하고 정교하게 제어하면 더 복잡한 연산과 병렬 처리가 가능하며, 큐비트들은 서로 얽힌 상태로 다수의 가능성을 동시에 처리할 수 있다(Nielsen & Chuang, 2010).

또한 고전적 딥러닝 신경망에서 노드들이 가중치로 연결되는 것과 달리, 양자 신경망에서는 '양자 게이트(quantum gates)'가 큐비트의 상태 변화를 조정한다. 상태 변화는 양자역학에서 해밀토니안 연산자, 시간적 진화 개념을 사용하여 큐비트들의 상태를 변화시키는데, 이 과정에서 큐비트들이 병렬적으로 여러 상태를 처리할 수 있게 된다. 텐서플로 퀀텀의 이러한 수학적 구조는 고전적 신경망에 비해 더 복잡한 상호작용을 처리하며, 고전적 신경망이 제공할 수 없는 고유한 양자역학적 특성을 활용해 훨씬 더 빠르고 효율적인 연산을 가능하게 한다.

참고문헌

Arute, F., et al.(2019). Quantum supremacy using a programmable superconducting processor. *Nature*, 574(7779), 505–510.

Biamonte, J., et al.(2017). Quantum machine learning. *Nature*, 549(7671), 195–202.

Griffiths, D. J.(2018). Introduction to Quantum Mechanics (3rd ed.). Cambridge University Press.Bell, J. S.(1964). On the Einstein Podolsky Rosen paradox. *Physics Physique Физика*, 1(3), 195–200.

Preskill, J.(2018). Quantum Computing in the NISQ era and beyond, *Quantum* 2, 79.

09
노벨상과 AI

2024년 노벨 물리학상과 화학상은 AI의 역사에 또 하나의 이정표를 세웠다. 향후 물리학과 화학뿐 아니라 다른 학문들과의 융합과 협업의 중요성과 필요성에 대한 반증이라 할 수 있다. 우리가 맞이하고 준비할 미래는 아마도 AI와 인간지능이 서로 협력하여 현재 미지의 세계로 남아 있는 과학의 다양한 영역을 함께 탐구해 가야 하지 않을까 생각된다.

AI와 화장품?

AI 융합(AI+X)

AI 기술의 발전은 다양한 과학 분야와 융합해 새로운 가능성을 연다. 이러한 융합은 물리학뿐 아니라 사실 거의 모든 학문 분야에서 중요한 과학적 발견을 이끌어 내는 데 기여할 수 있다는 것이다. 특히, 3장에서 언급한 전산물리학에서 AI는 계산의 가속화와 효율성 증대 측면에서 다른 과학 분야에도 일반적으로 적용될 수 있다. 예를 들어, AI 기반의 최적화 알고리즘은 실험 자동화와 새로운 화합물 설계에서도 중요한 역할을 수행하며, 이는 연구 효율성을 크게 높이고 새로운 물질 개발을 촉진할 수 있다(Raccuglia et al., 2016). AI 기반의 최적화 알고리즘과 데이터 분석 도구는 다양한 연구 주제에서 문제를 해결하는 데 새로운 접근 방식을 제공할 것으로 기대되며, 이는 과학자들이 더욱 복잡한 문제를 탐구하고 해결하는 강력한 도구가 될 수 있다. 요컨대, AI를 융합했을 때 얻을 수 있는 주요 이점들, 즉 효율성 증대, 데이터 분석 속도 향상, 복잡한 문제 해결 능력 강화, 새로운 과학적 통찰력 제공은 비단 물리학뿐 아니라 상당히 일반적으로 다양한 분야에서 매우 요긴하게 적용될 것이라 기대된다.

이런 관점에서 노벨 물리학상의 수상은 매우 고무적

이다. 노벨 물리학상의 경우는 6장에서 이야기한 주제들이기에 자세히 다루지는 않겠다. 하지만 덧붙이고 싶은 이야기는 존 홉필드의 기억에 대한 탐구는 순환신경망이라는 새로운 AI 구조의 시발점이 되었고, 그 학습 원리에 해당하는 개념들은 물리학자의 시선에서 자연을 바라보는 관점이라는 것이다(Hopfield, 1982). 물론, 이런 개념을 적용하고 실제 볼츠만 머신을 학습시키는 계산 방법론을 제시한 제프리 힌턴이 없었다면 현재 AI 기술은 지금과 다른 양상을 보여 주었을 것이라 생각한다 (Hinton & Sejnowski, 1986).

한편, 노벨 화학상은 생명의 놀라운 화학 도구인 단백질에 관한 연구에 수여되었다. 수상자들은 단백질의 구조와 설계를 연구한 중요한 발견으로 인간에게 큰 이익을 가져올 수 있는 잠재력을 보여 주었다. 데이비드 베이커는 단백질 설계의 선구자로, 2003년에 완전히 새로운 종류의 단백질을 설계하는 데 성공했으며, 그의 연구 그룹은 그 이후 여러 창의적인 단백질을 개발해 왔다 (Baker et al., 2021). 데이비드 베이커 그룹에서 당시 박사 후 연구원이던 서울대 백민경 교수가 1저자로 로제타폴드(RoseTTAFold)라는 단백질의 구조를 예측하는 AI 기법을 제안하였고, 공동 수상한 딥마인드의 데미스 허

사비스와 존 점퍼 또한 단백질 구조 예측 프로그램 알파폴드2(AlphaFold2)를 개발했다(Jumper et al., 2021). 단백질 구조 예측은 50년간의 난제라는 수식어가 붙는데, 단백질은 아미노산으로 구성된 긴 사슬이 3차원 구조로 접히며, 이 구조가 단백질의 기능을 결정한다. 3차원 공간상에서 단백질 구조를 알아내려면 실험적 방법과 이론적 접근을 모두 활용해야 한다. 실험적 방법으로는 X선 결정학(X-ray crystallography), 핵자기 공명(NMR) 분광법 그리고 초저온전자현미경(cryo-EM: cryo-electron microscopy) 등의 실험 기법을 이용해 단백질 구조를 직접적으로 관찰하고 분석하여 알아냈다. 하지만 시간과 비용이 많이 들고, 특히 복잡한 단백질에는 적용하기가 어렵다는 단점이 있으며 실제 생체 내에서 직접적인 작용 과정을 규명하기가 어렵다는 한계에 부딪혀 2억 개가 넘는 단백질 중 17만 개 정도의 구조만 파악하고 있었다(Senior et al., 2020). 알파폴드2는 대량의 단백질 구조 데이터를 학습한 트랜스포머 기반 딥러닝 모델로 아미노산 서열로부터 정확한 3차원 구조를 예측하는 데 매우 탁월한 성능을 보여 주며, 로제타폴드는 확률적 모델링과 실험적 데이터 통합을 결합하여 단백질 구조를 예측하는 접근법을 사용한다. 이러한 차이점은 같은 연구 주제라도 다양한 방법으로 접근할 수 있음을 보여 주며, 그 역량은 연구자의 이해도와 활용 능력에 따라 달라진다. 이는 AI와 인간 지능의 협업이 중요한 이유를 시사한다.

인공지능과 인간 지능의 협업

AI의 발전은 종종 인간과의 대결로 묘사되곤 한다. 1997년 체스 챔피언을 물리친 딥블루나 특히 2016년 우리나라를 뜨겁게 달구었던, 바둑의 고수들을 압도한 알파고는 AI와 인간 지능의 대결과 같은 구도로 보여 줬다. 이러한 대결은 AI와 인간이 경쟁적 관계인 것처럼, 발전된 AI 기술이 인간의 삶에서 일자리를 대체하거나 인간보다 우월한 능력을 보일 수 있다는 두려움을 불러일으키기도 했다(Silver et al., 2016). 너무 빠르게 진화하는 AI에 대한 거부감이 팽배하였지만 최근의 발전 방향은 경쟁하는 것이 아닌, AI와 인간 지능이 협력하여 더 큰 성과를 창출할 수 있음을 보여 준다.

AI와 인간 지능의 협업은 창의성과 문제 해결 능력의 결합으로 설명될 수 있다. 인간의 창의성은 새로운 아이디어와 가설을 세우는 데 중요한 역할을 하며, AI는 이러한 아이디어를 실현 가능하게 하는 데 탁월한 도구로 기능한다. 이를테면, AI는 방대한 데이터를 신속하게 분석하고, 인간이 놓칠 수 있는 패턴을 찾아내는 데 매우 능숙하다. 심지어 밥도 안 먹고, 잠도 안 자면서 열심히 분석한다. 이런 든든한 일꾼과 함께 복잡한 과학적 문제나 산업적 도전 과제에 대해 인간의 직관을 결합하여 더욱 정교하고 혁신적인 결과를 만들어 낼 수 있다. 어쩌면, 알파고는 인간과의 대결에서 승리했지만 이후에는 바둑 고수들이 알파고의 수를 분석하고 배우면서 인간의 바둑 실력이 더욱 발전하는 계기가 되었다고 생각해 볼 수 있다. 이는 단순히 AI가 인간을 이기는 것이 목표가 아니라, AI와 인간이 서로 배우며 발전할 가능성을 열어 준 것이다(Silver et al., 2017).

또한 의료 분야에서 AI는 인간 의사와 협업해 중요한 역할을 하고 있다. AI는 수많은 의료 데이터를 바탕으로 질병을 예측하거나 진단하는 데 강점이 있으며, 이는 의사들이 좀 더 신속하게 정확한 결정을 내리는 데 도움을 준다(Esteva et al., 2019). AI는 단순히 데이터를 분석해 결과를 제공하는 데 그치지 않고, 의사들이 환자와 상호작용해 더 나은 치료 방안을 모색할 수 있도록 돕는다. 이처럼 AI와 인간의 협업은 인간의 한계를 보완하고, 결과적으로 인간의 능력을 확장하는 역할을 한다.

앞으로 다양한 분야에서 AI와 인간 지능의 협업은 더욱 중요해질 것이다. 인간의 창의적 사고와 AI의 방대한 계산 능력은 서로 보완 관계에 있으며, 이러한 협업으로 우리는 더욱 복잡한 문제를 해결하고, 과학과 기술의 발전을 가속화할 수 있다. 특히, 인간의 직관적 통찰력과 AI의 데이터 처리 능력이 결합될 때 단순한 효율성 증대를 넘어선 새로운 발견과 혁신이 가능하다. AI는 이제 인간의 경쟁자가 아닌, 함께 문제를 해결하고 발전을 이끌어 가는 중요한 동반자로 자리매김하고 있다.

참고문헌

Baker, D., et al.(2021). Protein design and the promise of synthetic biology. *Nature Reviews Genetics*, 22(7), 414-426.

Esteva, A., et al.(2019). A guide to deep learning in healthcare. *Nature Medicine*, 25(1), 24-29.

Silver, D., et al.(2016). Mastering the game of Go with deep neural networks and tree search. *Nature*, 529(7587), 484-489.

10
데이터, 정보, 물리 그리고 AI

"전체는 그 부분의 합보다 크다."
– 아리스토텔레스

물리학과 AI의 융합은 데이터에서 정보를 얻어내고 이해하고 활용하는 방식을 혁신하고 있다. 데이터는 단순히 정보의 나열에 그치지 않고, 올바른 분석과 통찰로 더 큰 가치를 만들어 낼 수 있다. 이러한 융합적 접근은 인류가 미래에 직면할 도전들을 해결하는 데 중요한 역할을 할 것으로 기대된다.

종교와 AI?

미래 먹거리

미래의 먹거리는 데이터와 그 데이터로부터 얻을 수 있는 정보에 달려 있다 해도 지나친 말이 아니다. 데이터는 물리학적 현상뿐 아니라 인간의 행동, 기후 변화, 건강 상태 등을 이해하고 예측하는 데 필수적이기 때문이다. AI는 이러한 방대한 데이터를 효율적으로 분석하고 그 속에 숨겨진 패턴을 발견하여 새로운 기회를 창출하는 데 매우 강력한 도구다. 사실 이미 과학적 활용보다는 우리의 실생활에 더 막대한 영향을 끼치고 있다. AI 연구자들 사이에선 산업계가 학계보다 앞서나간다고 생각하는 연구자들이 대다수다. AI의 예측 정확도를 높이고, 에너지 효율성을 개선하며, 신기술을 개발하는 등 다양하고 수많은 사람의 노력과 열정 속에서 물리학이 기여하는 바는 그리 크지 않을 수도 있지만 분명 어떠한 형태로든 AI와 연관된 주제들은 미래의 산업에 주역이 될 것이라 확신한다. 이 책에 모든 분야를 담을 순 없겠지만, 자연과학 안에서만 살펴보면 앞에서 알파폴드를 개발했던 딥마인드에서 기하학을 잘 푸는 알파지오메트리(AlphaGeometry)를 선보이는가 하면, 라마누잔 머신 등 순수 수학 이론에 필요한 추론 능력을 가미한 AI 모델들이 등장하고 있다. 이러한 모델들은 단순히 데이터를 분석하는 것을 넘어서 복잡한 수학적 문제를 해결하고 새로운 이론을 제시할 가능성을 열어 주고 있다. 이는 인류가 수 세기 동안 풀기 어려웠던 문제들에 대한 새로운 접근법을 제시하며 과학적 발견을 가속화하고 있다(Davies et al., 2021).

기후변화에 관한 AI 기반의 기후 모델링은 기후변화의 영향을 예측하고, 나아가 이를 바탕으로 한 대응 방안을 제시하는 데 중요한 역할을 하고 있다. 이러한 예측은 정책 결정을 돕고 환경적 변화를 완화하는 데 중요한 기초 자료가 될 것으로 여겨진다. 특히, 기후변화가 가져올 수 있는 다양한 사회적, 경제적 영향을 평가하고, 이에 대응하는 방안을 마련하는 데 AI의 기여는 매우 중요하다. 이로써 인류가 직면하고 있는 큰 위협 중 하나인 기후 위기를 해결하는 데 실질적인 도움을 줄 수 있을 것이다(Rolnick et al., 2019).

또한 전력망의 에너지 효율성을 최적화하는 모델은 AI가 데이터를 바탕으로 실시간으로 전력 수요를 예측하고 최적의 공급 전략을 수립하는 데 사용되고 있다. 이는 에너지 자원의 효율적 사용과 지속 가능한 발전을 가능하게 하는 중요한 도구로, AI의 위상을 다시 한번 보여준다. AI는 수요와 공급의 변동을 빠르게 분석하고 최적의 의사 결정을 내려 에너지 낭비를 줄이는 데 기여하고 있다. 이는 단지 경제적 이점뿐 아니라, 탄소 배출 저감으로 환경 보호에도 중요한 역할을 하고 있다.

양자 컴퓨팅과 같은 물리학적 기술이 결합된 AI는 현재의 기술적 한계를 넘어서는 성과를 기대할 수 있게 한다. 양자 컴퓨터는 매우 복잡한 문제를 기존 컴퓨터보다 훨씬 빠르게 해결할 가능성이 있으며, 특히 양자 AI는 고전적 컴퓨팅의 한계를 뛰어넘어 복잡한 최적화 문제와 시뮬레이션을 해결하는 데 강력한 잠재력을 가지고 있다. 이는 에너지 자원의 효율적 사용, 신소재 개발 그리고 생명과학 분야에서 혁신적인 해결책을 제시할 가능성이 있다. 예를 들어, 신소재를 설계하려면 수많은 원자 배열을 고려해야 하는데, 양자 AI는 이러한 문제를 병렬적으로 처리하여 최적의 배열을 더 빠르게 찾아낼 수 있다(Biamonte et al., 2017).

의료 분야에서도 데이터와 AI의 결합은 미래 먹거리의 중요한 축을 이루고 있다. 의료 영상 데이터를 분석하여 질병을 조기 진단하거나, 신약 개발 과정에서 수많은 화합물 조합 중 유망한 후보를 탐색하는 데 AI가 중요한 역할을 하고 있다. 이러한 방식으로, 물리학적 모델과 AI는 인간의 건강과 삶의 질을 향상하는 데 중요한 기여를

하고 있으며, 새로운 의료 기술의 발전을 이끌고 있다. 또한 개인 맞춤형 의료 솔루션을 개발하는 데도 AI가 사용되고 있는데, 이는 각 환자의 유전적 정보와 생활 습관 등을 분석하여 최적의 치료법을 제시하는 것이다. 이러한 접근법은 질병 예방과 치료의 효율성을 극대화하고, 의료 시스템의 부담을 줄이는 데 크게 기여할 것이다 (Esteva et al., 2019). 결국, 데이터, 정보, 물리학 그리고 AI의 융합은 단순한 기술적 진보를 넘어 인류의 삶의 방식을 변화시키고 있다. 우리는 이 네 가지 요소가 상호작용하며 만들어내는 거대한 시너지 효과로 미래를 더욱 밝게 만들어갈 수 있을 것이다.

통섭을 향하여

통섭은 단순히 여러 분야의 지식을 융합하는 것을 넘어 각 분야의 장점을 극대화하여 새로운 패러다임을 제시하는 것을 의미한다. 물리학적 통찰과 AI의 계산 능력은 방대하게 습득한 데이터 그리고 다양한 정보가 가미되어 인간이 직면한 복잡한 문제들을 해결하고, 새로운 지식을 창출하는 데 중요한 역할을 하고 있다. 이러한 융합적 접근은 인류가 당면한 기후변화, 에너지 위기, 건강 문제와 같은 거대 도전을 해결하는 데 중요한 열쇠가 될 것이다. 이러한 통섭적 접근은 복잡한 문제를 해결하는 데 더 창의적이고 효과적인 방법을 제공하며, 과학적 발견과 기술 발전의 새로운 길을 열어 가고 있다. 예를 들어, 물리학적 모델을 기반으로 한 AI는 생물학적 시스템의 복잡성을 이해하는 데 기여하고 있으며, 이로써 생명체의 행동과 질병의 메커니즘을 더 잘 설명할 가능성을 열어 주고 있다. 이와 같은 통섭적 접근은 미래의 교육과 연구의 방식에도 큰 변화를 가져올 것으로 예상된다. 물리학과 AI는 학생들에게 단순히 지식을 전달하는 것을 넘어 다양한 관점에서 문제를 바라보고 창의적이고 통합적인 해결책을 찾는 방법을 가르치는 중요한 도구가 될 것이다. 이러한 변화는 새로운 세대의 과학자와 연구자들이 더 큰 도전을 마주하고, 이를 해결하는 혁신적인 접근법을 개발하는 데 큰 도움이 될 것이다.

통섭적 접근의 발전에는 반드시 유념해야 할 것들이 있다. 우선, 윤리적 문제를 고려해야 한다. AI와 융합된 기술은 강력한 도구이기에 잘못된 사용으로 인간의 프라이버시를 침해하거나 예기치 않은 결과를 초래할 수 있다. 따라서 데이터 사용과 AI 모델의 개발에서 윤리적 가이드라인이 확립되어야 하며, 책임감 있는 연구와 응용이 필요하다. 또한 다양한 분야의 전문가들이 함께 일할 때는 소통의 중요성이 부각된다. 물리학, AI, 생물학 등 각 분야의 연구자들이 서로의 언어와 접근법을 이해하고 협력하는 것이 필요하다. 이는 배경이 서로 다른 사람들이 함께 일하면서 발생할 수 있는 오해를 줄이고, 더욱 창의적이고 효율적인 문제 해결을 가능하게 할 것이다. 아울러 기술적 안정성도 중요한 고려사항이다. AI 모델이 불확실성이나 예기치 않은 상황에서 오작동할 가능성을 최소화하려면 철저히 검증하고 안전장치를 마련해야 한다. 이러한 안정성은 특히 인간의 삶에 큰 영향을 미치는 분야에서 더욱 중요하다. 마지막으로, 데이터 편향 문제를 해결해야 한다. AI는 학습에 사용하는 데이터에 따라 편향된 결과를 낼 수 있기 때문에 다양한 출처에서 데이터를 수집하고 공정하게 처리하는 노력이 필요하다. 아직 남아 있는 이와 같은 점들을 마음에 새기고 통섭적 접근을 통한 AI 기술이 발전한다면 단순히 기술적 성과를 내는 것뿐 아니라, 인류의 지식과 창의성을 확장하고, 지속 가능한 미래를 설계하는 데도 중요한 역할을 하게 될 것이다.

전체는 그 부분의 합보다 크다는 아리스토텔레스의 말처럼, 우리는 각 학문을 융합해 더 큰 성과와 가능성을 이끌어 낼 수 있다. AI와 협력하는 인간 지능은 단순히 과거의 문제를 해결하는 것을 넘어 미래의 도전들을 대비하고 인간의 삶을 더 나은 방향으로 이끌어 가는 데 중요한 역할을 할 것으로 기대된다.

참고문헌

Biamonte, J., et al.(2017). Quantum Machine Learning. *Nature*, 549, 195–202.

Davies, A., et al.(2021). Geometry and the impact of AI. *Nature Communications*, 12, 1234.

Esteva, A., et al.(2019). A guide to deep learning in healthcare. *Nature Medicine*, 25(1), 24–29.

Rolnick, D., et al.(2019). Tackling Climate Change with Machine Learning. *Nature*, 572, 355–365.

송태근

국립공주대학교 데이터정보물리학과 조교수로 재직 중이다. 충남대학교 물리학과에서 학사와 석박사 통합 과정을 수학하고 국제이론물리연구센터(이탈리아), 아시아태평양 이론물리연구센터, 포항공과대학교 물리학과 연구교수, 고등과학원 AI 기초과학센터에서 박사후 연구원 과정을 거쳤다. 이론을 중심으로 중시계 양자물리, 생물물리, 통계물리 등의 연구 분야에서 활동하고 있다. 국제전문학술지에 총 21편의 논문을 게재하였고, 현재 물리학과 AI를 융합해 새로운 패러다임을 제시하고자 연구를 지속하고 있다.